나는 선생님이
행복했으면 좋겠습니다

수업과 생활지도,
쏟아지는 업무에 지친
선생님들을 위한
처방전

나는 선생님이
행복했으면
좋겠습니다

노지현 지음

지금,
선생님의 자존감은
안녕한가요?

한국경제신문 i

나는 선생님이 행복했으면 좋겠다

"교사가 가르침을 사랑하면 할수록
그것은 가슴 아픈 작업이 된다."

– 파커 J. 파머

이 땅의 교사로 살아간다는 것이 나에겐 참 쉽지 않았다. 여러 차례 교사로서 중심을 잃고 흔들림이 찾아왔다. 자존감이 높지 않아, 다른 선생님들과 나를 자주 비교하곤 했다. 물론 그 비교는 내가 성장하는 데 도움이 되었다. 하지만 그 과정이 즐거웠거나 뜻깊었던 것은 아니다. 언제나 나 자신을 채근하고 채찍질했다.

서른여덟 살에 뜻밖에 인생의 터닝포인트가 찾아왔다. 교감·교장과 같은 관리자의 길을 가느냐, 평교사로 남느냐에 대한 인생의 갈림길이었다. 승진의 길을 선택한다면 그 길을 가기 위한 또 다른 노력을 기울여야 했다. 결국, 인생의 갈림길에서 관리자도 평교사도 아닌, 제3의 길을 택했다. 내 인생의 커다란 상실의 순간에서 나만의 꿈이 생긴 것이다.

"우리 교육의 희망과 행복을 노래하는 사람이 되고 싶다."

물론 '미쳤구나' 싶을 정도의 불가능한 꿈이었다. 하지만 이 불가능한 꿈으로부터 인문학을 융합한 과학 수업이 탄생했다. 가치를 융합한 과학 수업[1]을 통해 아이들과 '자존'과 '꿈'에 대한 이야기를 나누었다. 이너게임[2]을 통해 아이들이 자신의 잠재역량을 믿고, 자신만의 것을 끌어내기를 바랐다. 입시 위주의 현 교육제도에서 내가 노래할 수 있는 희망과 행복은 아이들의 '자존'을 세워주는 것이라 생각했다. 자신만의 '꿈'을 꾸고 그 꿈을 향해 나아가기를 바랐다.

자존과 꿈에 관한 이야기를 나누면서, 아이들만 성장한 줄 알았다. 그런데 그 속에서 교사로서 나 또한 성장하고 있었다. 이 책은 한 인간이자 교사로서의 20년간의 성장 이야기다. 어리바리하며 입으로만 말하고 때우던 수업을 하던 보통의 교사에서,

---

[1] 제60회 경기도현장교육연구대회 2등급 - 네이버 카페 '행복한교사연구소' 보고서 수록
[2] 제61회 경기도현장교육연구대회 3등급 - 네이버 카페 '행복한교사연구소' 보고서 수록

스스로 해보이는 교사가 되기까지. 교사로서의 자존감이 바닥을 치고 무참히 깨졌던 순간에서 스스로의 위로와 인정을 통해 치유하기까지. '나'라는 한 인간이 더 나은 교사가 되기까지의 성장 과정이었던 것이다. 그 과정에서 사고를 전환하면 자존감을 높일 수 있음을 알게 되었다. 개인의 자존감이 바로 세워질 때, 교사로서의 삶도 행복해짐을 알았다.

이 책은 한 개인의 성장 과정이지만, 이 땅의 모든 선생님들에게 필요한 이야기이기도 하다. 현재의 거대한 교육체제에서 상처받고 힘들어할 우리의 선생님들이 나와 같은 시행착오를 겪지 않기를 바란다. 나의 이야기가 조금이라도 지치고 고된 선생님들의 마음에 위로와 격려가 되었으면 좋겠다. 앞으로 교사로서의 삶에 희망과 행복을 줄 수 있는 대안이 되리라고 생각한다.

선생님이 행복해야 우리 아이들이 행복할 수 있다. 그것은 또한 '우리 교육의 희망과 행복을 노래하고 싶다'라는 나의 꿈의 방향이기도 하다. 이 책이 우리 교육에 희망과 행복을 노래하는 데 도움이 되리라 믿는다. 간절한 마음을 담아 진실하게 썼기 때문이다. 원고를 쓰는 동안 단 1가지만을 생각했다.

'나는 선생님이 행복했으면 좋겠습니다.'

나의 이 간절한 소망이 이루어지기를 바란다.

이 책이 세상의 빛을 볼 수 있도록 도와주신 분들이 있다. '한국책쓰기강사협회(한책협)'의 최고의 책 쓰기 코치인 김태광 대표님과 가슴 떨리는 작가의 길을 알려주신 '위닝북스' 권동희 대표님, 이 책이 출간되기까지 애써주신 출판사 관계자분들께 감사하다. 항상 큰 힘이 되어주는 양가 부모님과 가족들, 특히 책 출간 과정에서 응원과 조언을 아끼지 않았던 동생 가족 지혜와 윤호 씨에게 감사함을 전하고 싶다.

또한, 8년이라는 긴 시간 동안 아내의 꿈을 응원해준 남편 동주 씨, 그리고 내 삶의 이유이자 원동력인 두 딸에게 온 마음 다해 고맙고, 사랑한다고 말하고 싶다. 마지막으로 동시대를 살아가는 이 땅의 모든 선생님들을 응원하며 깊은 감사의 마음을 전한다.

노지현

차례

프롤로그 …… **4**

1장   교사는 교육의 꽃이다

01 교사, 중심을 잃다 …… **13**
02 이럴 때 있으시죠? …… **20**
03 타인의 시선을 의식해 힘든 선생님에게 …… **27**
04 수업은 고통 반, 행복 반이다 …… **34**
05 학급에서의 깨진 유리창 법칙 …… **41**
06 교사는 교육의 꽃이다 …… **48**
07 선생님의 자존감은 우리 아이들의 자존감이다 …… **55**

2장   지금 선생님에게 절실하게 필요한 것은

01 지금 선생님의 자존감은 안전한가요 …… **63**
02 선생님 의도대로 되지 않습니다 …… **70**
03 선생님, 힘들 땐 울어도 괜찮아요 …… **76**
04 그대로의 나를 더 사랑하기 …… **83**
05 선생님, 너무 잘하려고 하지 마세요 …… **89**
06 선생님들은 모두 특별한 존재입니다 …… **95**
07 지금 선생님에게 절실하게 필요한 것은 …… **102**
08 오늘부터 자존감 있는 삶을 살아라 …… **108**

3장   교사의 자존감을 끌어올리는 7가지 방법

01 사고의 순서를 바꿔라 ······ **117**
02 선생님 수업의 핵심가치를 만들어라 ······ **124**
03 현상은 복잡하지만 법칙은 단순하다 ······ **132**
04 떳떳한 자신에게 자부심을 가져라 ······ **138**
05 어떤 상황속에서도 긍정하라 ······ **144**
06 힘든 일이 있을 때 나만의 문제라고 착각하지 마라 ······ **150**
07 교사로 살아간다는 것의 의미를 생각하라 ······ **157**

4장   행복한 선생님이 되는 마음의 기술 8가지

01 비유와 스토리텔링 이용하기 ······ **167**
02 수업 때 학생들의 상상력을 자극하라 ······ **174**
03 버럭 화를 내도 미운 감정을 가지지 마라 ······ **180**
04 조금은 느긋하게 천천히 ······ **186**
05 주장하지 말고 이해하게 하라 ······ **193**
06 미래지향적 언어를 담아라 ······ **199**
07 진심, 어떤 아이도 내 편으로 만드는 기술 ······ **205**
08 긍정의 힘이 아이들을 변화시킨다 ······ **212**

5장   나는 선생님이 행복했으면 좋겠습니다

01 내가 아이들을 가르치는 이유 ······ **221**
02 학생들과 함께 있을 때 나는 내가 좋아진다 ······ **227**
03 어떤 교사도 완벽하지 않음을 기억하라 ······ **233**
04 누구도 흉내내지 못할 교사가 되어라 ······ **239**
05 세상에서 가장 위대한 직업, 가르친다는 것 ······ **245**
06 나는 선생님이 행복했으면 좋겠습니다 ······ **252**
07 그냥 아는 것과 진짜 아는 것 ······ **259**

1장

교사는
교육의 꽃이다

01 교사, 중심을 잃다

2015년도에 이런 기사가 실렸다.

'교사가 된 것을 후회하는 교사 5명 가운데 1명, 2년 차 41%⋯ 왜?'

우리나라 중학교 교사 5명 중 1명은 '교사가 된 걸 후회한다'는 생각을 갖고 있는 것으로 조사됐다.

최근 양정호 성균관대 교육학과 교수가 OECD의 '2013년 교수·학습 국제 조사(TALIS, Teaching and Learning International Survey 2013)'를 바탕으로 34개 회원국 중학교 교사 10만 5,000여 명을 분석했다. 조사 결과 우리나라의 경우 "교사 된 것을 후회한다"는 비율이 20.1%를 차지했다. 이는 OECD 평균 비율인 9.5%를 2배 넘는 수치다.

특히 "다시 직업을 택한다면 교사가 되고 싶지 않다"고 대답한 비율도 한국이 36.6%로, OECD 평균 22.4%보다 높은 것으로 나타났다. 이 중 1년 차 교사 18%, 2년 차 교사 41%가 "다시 교사가 되고 싶지 않다"라고 응답해 경력이 짧아도 교직에 대해 부정적인 인식을 가진 것으로 조사됐다.

〈동아일보〉, 2015. 2. 11

이성호 중앙대 교육학과 교수는 "한국 교사의 직업 안정성이 높은데도 만족하지 못하는 건 자괴감을 느끼기 때문"이라고 말하며, "교사의 권위와 재량이 줄어들고 학부모에게 무시당하는 일이 빚어지면서, 가르치는 보람보다 '내가 뭘 하고 있나…'" 하는 느낌을 가지게 됐다고 이야기한다.

2020년 경기도 교육연구원에서 경기도 내 초임교사(경력 3년 차 이하) 3,049명과 4년 이상 경력교사 4,287명을 대상으로 설문조사를 했다. 그 결과, 초임교사의 30%가량이 교직을 그만두고 싶다고 응답했다. 초임교사가 직업을 포기하고 싶다고 생각한 원인으로는 1위는 교사 인권 문제, 2위는 처우 및 보수, 3위는 업무 과다 문제를 꼽았다.

교사가 되기 위해 어려운 입시경쟁을 뚫고 교대나 사대에 들어간다. 다시 엄청난 경쟁률을 뚫고 임용고사를 치르기도 한다. 그렇게 힘들게 교사가 되지만, 정작 학교에 온 교사들은 자신의 일에 만족하지 못한다. 학생들과 학부모의 무시와 무관심에 자존감이 무너지기도 한다. 종일 열심히 일해도 수업 준비조차 할 수 없을 만큼 시간이 부족하다. 수많은 공문과 행정적인 업무에 시달려야 하는 것이다. 그래서 교사가 된 것을 후회하고, 교사로서의 만족감과 행복을 찾기 어려워진다.

지난날을 돌이켜 보면, 나 역시 교사로서 중심을 잃고 흔들릴 때가 있었다. 3년 차 정도 되었을 무렵이다. 그때의 흔들림은 교사의 삶이 내가 생각했던 것과 크게 달라서였다. 나는 아이들을 가르치는 것을 좋아했다. 수업 준비를 하는 것은 정말 힘들고 어려웠지만 그래도 수업하는 것은 즐겁고 좋았다. 하지만 전혀 생각지 못했던 것이 있다. 첫해에는 학급을 운영하고 아이들을 지도하는 것이 나에게는 어려웠다. 그리고 내게 주어진 학교의 업무가 나와 맞지 않았다. 학교는 1인 3 역할 이상을 해야 한다는 것을 미처 생각하지 못했다. 아이들과 즐겁게 수업만 하면 되는 줄 알았다. 하지만 수업을 준비할 수 있는 시간보다 생활지도와 행정업무에 더 많은 시간을 쏟아야 했다.

물론 3년여의 세월 동안 어느 정도 익숙해지고 적응도 되었지만, 오히려 겁이 났다. 해마다 이런 생활을 반복해야 한다고 생각하니 도망치고 싶었다. 그래서 내가 선택한 것은 대학원 파견이었다. 3년 차가 끝날 때쯤 도망치듯 대학원에 들어갔다. 2년 정도 다시 전공 공부를 하며, 석사 학위를 마쳤다. 그렇게 나의 첫 번째 흔들림은 일단락되었다.

대학원을 마치고 다시 학교로 돌아왔다. 그래도 잠깐 학교를 떠나 있던 것이 도움이 되어 의욕을 가지고 시작할 수 있었다. 그러다 다시 중심을 잃게 되었다. 첫 학교의 아이들은 냉소적일 정도로 공부만 했던 친구들이었다. 교육열이 높았고, 학원에서 늦은 시간까지 공부하느라 학교에서 항상 피곤해했다. 하지만 그 외 다른 큰 문제를 일으키지는 않았다. 그런데 두 번째 학교는 할렘가라고 표현될 지역의 학교였다.

나는 대학원에 다닐 때 결혼도 하고, 임신도 하게 되어 복직하는 3월에는 거의 만삭이었다. 어느 정도 학교에 적응이 되고 2주 정도 지났을 무렵이었다. 끝 종이 치기 2~3분 전, 나는 칠판 쪽을 보고 있다가 몸을 돌려 아이들을 봤다. 그 순간 교실 가장 뒤에 앉아 있던 아이 둘이 싸움이 붙었다. 1명은 1년 유급된 아이였고, 나머지 1명은 제 학년의 아이였다. 정말 순간적이었다. 갑자기 유급된 아이가 주먹으로 앞에 앉아 있던 아이의 머리를 친 것이다. 맞은 아이도 화가 나서 결국 둘이 치고받고 싸우는 데 몇 초도 걸리지 않았다.

겁에 질린 반 아이들은 말릴 생각도 못 하고 있었다. 나는 그만하라고 소리를 질렀지만, 아이들은 이미 선생도 보이지 않았다. 눈에 뭐가 씌인 것처럼 감정이 너무 앞섰던 것이다. 같은 반 친구들도 말리지 않는 상황에서, 만삭인 몸을 이끌고 두 아이를 떼어놓기 시작했다. 만삭인지라 배가 엄청나게 나왔기에 말리는 과정에서 배를 여러 대 얻어맞기도 했다. 결국, 복도를 지나가던 남자 선생님께서 보시고 싸움을 말려주셨다. 그렇게 일단락되었지만 내 아이는 예정일보다 일찍 태어났다.

아이가 일찍 태어난 것이 속상하지는 않았다. 하지만 그날 선생님이 말렸음에도 아이들이 싸움을 멈추지 않았다는 것과 그 모습을 다른 아이들이 지켜만 보고 있었다는 것이 교사로서 자괴감을 가져왔다. 그 기억은 두고두고 나를 서글프게 했다.

아니나 다를까, 아이를 낳고 복직한 학교는 정글이 따로 없었다. 아이들끼리의 폭력이 난무했고, 하루에도 몇 번씩 기물이 파손되었다. 교실에 있던 돈이나 핸드폰이 곧잘 도난당하기도 했다. 도난 사고가 있는 경우에 교사는 형사와 같은 역할을 해야만 했다. 물론 경찰서로부터 여러 차례 아이들의 절도와 폭력으로 인해 연락을 받기도 했다.

난 교사로서 한없이 무능력해졌다. 아니, 너무나 무력했다. 거대한 이 학교의 수많은 문제를 혼자의 힘으로 어찌해야 할지 몰라 고통받고 있었다. 과연 내가 교사로서 자격이 있을까 싶은 생각에 처음으로 이직을 생각했다. 하지만 문제는 갈 데가 없었다. 이직한다고 해도 나를 받아줄 곳이 없다고 느꼈다. 그런 생각을 할 때쯤 다른 지역의 학교로 옮기게 되었다. 그렇게 교사로서의 두 번째 흔들림은 다시 일단락되었다.

희망하지는 않았지만 세 번째 학교는 고등학교로 가게 되었다. 그곳은 예쁜 아이들의 천국이었다. '이런 세상도 있구나' 싶은 곳이었다. 그런데 예기치 않은 세 번째 흔들림이 찾아왔다.

어느덧 내 나이가 서른 후반이 된 것이다. 이때는 교사로서의 인생길에 대한 흔들림이었다. 승진을 위한 준비를 해야 하는가에 대한 갈림길에 선 것이다. 결과적으로 말하면 그 갈림길에서 나는 '우리 교육의 희망과 행복을 노래하는 사람이 되고 싶다'는 나만의 꿈을 만들게 되었다. 이직을 생각할 정도로 힘들었던 그 학교에서의 경험이 나의 꿈을 만드는 데 도움을 주었다. 그렇게 세 번째로 중심을 잃고 교사로서 흔들리던 내 모습은 또다시 일단락되었다.

솔직하게 말하자면 첫 번째 흔들림의 끝은 도피였다. 그리고 두 번째는 그 학교에 더 이상 책임을 지지 않을 수 있었던, 지역 만기라는 제도로 인한 회피였다. 하지만 다행히 세 번째 흔들림에서 나는 교직에 남아야 할 이유를 찾게 되었다.

'흔들리며 피는 꽃'

흔들리지 않고 피는 꽃이 어디 있으랴
이 세상 그 어떤 아름다운 꽃들도
다 흔들리면서 피었나니
〈중략〉

젖지 않고 피는 꽃이 어디 있으랴

이 세상 그 어떤 빛나는 꽃들도

다 젖으며 젖으며 피었나니

〈생략〉

- 도종환, 《흔들리며 피는 꽃》, 문학동네, 2012

지나고 보니 세상의 그 어떤 아름다운 꽃도, 아름다운 사랑도, 아름다운 삶도 꽃을 피우기 위해 흔들리고 젖으며 피어났다는 것을 알게 되었다. 인생에 정답은 없다. 내가 흔들린다면 다른 길을 택할 수도, 그대로 이 길에 남을 수도 있다. 무엇이 좋고 나쁘다고 말할 수 없다. 다만 내가 선택했다면, 선택한 그 길이 내 인생에 최선의 답이 되도록 스스로 만들어가야 하는 게 아닌가 싶다. 그 삶 속에서 흔들림이라는 경험을 통해 깊이 깨닫기도 하고, 더욱 나다워지거나 단단해지기도 하는 것이다.

중심을 잃는다는 것은 교사라는 나의 삶을 다시 한번 되돌아보고, 그것을 통해 내가 무언가를 얻어갈 수 있는 기회일지도 모른다. 오히려 흔들림이 없었다면 꽃을 피우는 아름다움을 경험하지 못했을 것이기에 말이다.

02 이럴 때
있으시죠?

교실 안이 도깨비시장만큼이나 난장판이다. 몇몇 아이들은
여기저기 돌아다니고 또 누군가는 소리를 질러댄다. 아이들끼
리 치고받고 싸우고, 책상을 밟고 올라가는 아이도 있다. 교실이
아수라장이다. 아이들은 나를 본체만체한다. 내가 교실 앞에 있
는데도 신경도 쓰지 않는다. 통제해야겠다는 생각이 들어, 고래
고래 소리를 질러본다. 굉장히 크게 소리를 질렀는데, 목소리가
나오질 않는다. 아이들은 더 엉망이 되어가고, 목소리는 나오지
않고 몸도 움직이지 않는다. 크게 입을 벌려보지만, 소리가 나오
지 않으니 가슴이 답답하다. '아이들이 왜 내 말을 안 들을까?'
싶은 생각에 결국 눈물이 볼을 타고 흐른다.

문득 깨어보니 꿈이다. 하지만 깬 후에도 한동안 가슴이 답

답하고 눈물도 흐르고 있다. 예전에 가끔 이런 학교 교실 안의 상황을 담은 꿈을 꾸곤 했다. 버전은 다르지만, 해마다 몇 번은 비슷한 꿈을 꾸었던 것 같다. 그런 날은 일어나서도 한참 동안 감정을 추슬러야 했다. 주로 3월 개학 전날에 자주 꾸었던 기억이 난다. 이런 꿈을 꿀 정도로 3월의 개학은 교사들에게도 부담스러운 날인 것이다.

학창 시절에는 선생님들이 너무나 좋아 보였다. 선생님은 뭐든 자기 마음대로 할 수 있다고 생각했기 때문이다. 학생들은 진도 나가는 것을 싫어하지만, 선생님은 수업을 좋아하는 줄 알았다. 개학 날 학교 가는 것이 싫지만, 선생님은 학교 오는 것을 좋아한다고 생각했다.

그런데 교사가 되고 보니, 학생들처럼 나도 조용히 무리에 섞여 교실에 앉아 있고 싶다. 30여 명의 아이 앞에 서야 하는 것이 때로는 너무나 부담스러웠다. 오히려 다수의 아이들 속에 드러나지 않게 앉아 있으면, 마음이 얼마나 편할까 싶은 생각이 든다. 그래서 어쩔 땐 학교에 가기 싫은 날도 있다. 아이들 앞에서 주도해서 뭔가를 해야 한다는 것이, 그것도 잘해야 한다는 것이 마음을 참 힘들게 한다. 선생님이 되어 보니, 학창 시절의 내 예상과 달리 학교 가기 싫은 날도, 수업하기 싫은 날도 많았다.

그런 부담감이 극도로 찾아오는 3월의 개학쯤에는, 아이들이 교실을 엉망으로 만드는 꿈까지 꾸게 된다. 물론 부담감만 있는 것은 아니다. '어떤 아이들을 만날까? 어떻게 인사를 할까?' 하는 설렘의 부분도 있지만, 나에게는 설렘보다는 부담이 더 컸다. 3월 한 달 정신없이 바쁠 것을 생각하면 수업 준비도 미리 해둬야 한다. 학급 운영 준비도 해야 하기에 이래저래 부담이 더 앞설 수밖에 없는 것이다.

3월이든, 8월이든 개학을 앞둔 직전에는 마음이 무척 심란하다. 열심히 개학 준비를 해야겠다 싶으면서도, 갑자기 다운되는 이 복잡한 심경을 어떤 말로 딱히 표현하기 어렵다. 개학을 앞둔 1~2주 전은 정말 말 그대로, 롤러코스터를 탄 것처럼 기분이 오르락내리락한다.

예전에 〈인사이드 아웃〉이라는 애니메이션을 무척 인상 깊게 봤다. 라일리의 머릿속에 있는 감정들, 기쁨이, 슬픔이, 버럭이, 까칠이, 소심이가 라일리의 감정과 행동을 제어하게 된다. 이때 기쁨이는 라일리를 매 순간 행복하고 기쁘게 해주고 싶어 한다. 그런데 라일리의 기억 구슬을 슬픔이가 만지게 되면, 라일리는 슬퍼진다. 기쁨이는 그런 슬픔이가 움직이지 못하도록 원을 만들어놓고 그 안에만 있게 만들기도 한다. 기쁨이 입장에서는 슬픔이가 없으면 라일리가 항상 행복할 거라고 생각했던 것이다.

그러다 기쁨이와 슬픔이만 장기기억 저장소로 빨려 들어가게 된다. 결국, 여러 모험을 거치면서 기쁨이는 처음으로 슬픔을 느낀다. 그곳에서 기쁨이가 기쁨의 기억 구슬 1개를 만지자, 그 기쁨을 느끼기 전 슬픔이가 있었음을 알게 된다. 슬픔에 대한 공감과 위로 후에야 기쁨이 찾아온 것이다. 그렇게 슬픔을 공감하고 받아들일 때, 어느새 슬픔이 기쁨의 눈물로 바뀌게 된다.

가끔 나는 기분이 가라앉으면 나의 감정의 원인을 깊게 들여다보려고 노력한다. 말 그대로 기분이 좋지 않고 다운된다는 느낌에서 끝나는 것이 아니라, 왜 그런지를 생각해보는 것이다. 기분이 가라앉는다는 것에는 다양한 요인이 숨겨져 있다. 1년을 다시 교사로서 잘 살아야 한다는 부담감과 수업을 준비해야 한다는 고통일 수 있다. 아이들이 내 말을 안 들으면 어쩌나 싶은 불안과 올 한 해 지지고 볶을 생각에 드는 여러 가지 걱정이기도 하다.

모든 교사의 복잡한 심경은 결국 아이들에게 인정받고, 사랑받고 싶다는 마음에서 출발한다. 그 마음으로부터 굉장히 다양한 양상의 걱정과 불안의 감정이 펼쳐진다. 이런 마음의 감정들이 하나로 섞여 기분이 가라앉고 슬퍼지는 것이다. 내가 이런 것들 때문에 슬프구나 싶어 나 자신에게 측은한 마음이 들기도 한다. 그런데 그런 감정의 원인을 찾는 순간 〈인사이드 아웃〉처럼, 슬픔에 대한 공감과 위로 후에 기쁨과 희망이 찾아오기도 하는 것이다.

'뭐, 까짓것 닥치면 다 되겠지.'
'개학 전까지 이 정도만 준비해두자.'
'학기 시작하고 바쁘면, 밤새워서 더 하지 뭐.'
'다 잘될 거야!'

이와 같은 마음이 들기도 하는 것이다. 모든 것을 미리 완벽하게 준비하고 싶지만, 사실상 그럴 수는 없다. 앞으로 놓일 상황에 미리 준비해야 한다는 나의 마음에 치이는 것이다. 하지만 모든 것을 완벽하게 만들 수 없기에 오히려 자신을 믿어야 한다. 부족하면 부족한 대로, 어색하면 어색한 대로 '닥치면 뭐든 잘 해낼 수 있어'라고 수없이 자신에게 되뇌어야 한다. '할 수 있어, 할 수 있어' 정신을 갖는다. 그럼 신기하게도 대부분 잘할 수 있게 된다. 안준철 선생님의《오늘 처음 교단을 밟을 당신에게》에 이런 글이 있다.

> "'3월에 아이들을 잡아야 1년이 편하다.' 이 말은 아직도 학교 사회에서 만고불변의 진리로 통용되고 있다. 그런데 아이들을 잡을 생각이라면 굳이 고생해서 내공을 쌓거나 책을 읽을 필요가 없다. 결국 나는 아이들을 잡지 않기 위해서 오랜 준비 기간이 필요했던 셈이다."

사실 난 안준철 선생님만큼의 내공은 없다. 그래서 3월 한 달

나는 선생님이
행복했으면
좋겠습니다

은 웃지 않는다. 그렇다고 3월에 아이들을 잡으려고 소리를 지르거나, 화를 내지는 않는다. 나의 방법은 오히려 말을 거의 안 하고, 차가워 보이게 하는 것이다.

'처음엔 선생님이 차가워 보였는데, 나중에 보니 굉장히 따뜻한 선생님이었어요'라는 훗날 아이들의 감상이 더 좋기 때문이다.

나름 나의 콘셉트를 잡으며 첫날 아이들에게 내 소개도 하고, 안내도 하면서 개학식 하루가 정신없이 훅 지나간다. 아무 일도 일어나지 않았고, 별일 없이 하루가 잘 지나가는 경우가 많다. 그렇게 첫날 하루를 잘 보내면, 3월은 생각보다 무척 빠르게 지나간다. 그 하루가 우리의 마음을 무겁게 한 거다. 어차피 닥치면 그동안의 수많았던 업다운의 기분이 무색할 정도로 무사히 빠르게 지나간다.

그 하루를 대비하기 위해 우리는 감정의 원인을 깊게 들여다보고, 스스로 충분히 공감해주어야 한다. 모든 것을 완벽하게 잘하려고 하기보다, 자신을 믿어주기 위한 노력을 해야 하는 것이다. 그래야만 활기차고 희망찬 마음으로 아이들 앞에 설 수 있기 때문이다. 첫날 교단 앞의 선생님의 모습은 학급의 아이들에게 굉장히 중요하다. 선생님 자신의 긴장과 불안, 부담스러운 마음을 아이들에게 들켜버리면 그런 선생님의 모습에 아이들은 몇 배로 더 긴장하며 불안해질 수 있다. 그럼 새로운 학년의 시작에 실망할지도 모른다.

첫날, 한 해의 선생님의 이미지가 그려진다. 그렇기에 선생님 감정의 깊이를 조절하는 것은 중요하다. 방학 동안 슬픔이 찾아올 때마다 애써 무시하지 말고, 충분히 그 이유에 대해 공감해주어야 한다.

그 슬픔은 선생님의 마음이 여리고 상처받기 쉽지만, 그런데도 교사로서 더 잘하고 싶다는 방증이기 때문이다. 슬픔을 충분히 알아주어야 내가 선생님으로서 열심히 해내고 싶어 한다는 것도 알 수 있다. 나의 감정을 털어내고 나름의 콘셉트도 잡고 스스로를 믿어주어야, 1년의 시작인 3월 첫날을 조금 더 밝게 만들 수 있다. 그런 밝고 긍정적인 첫 모습의 선생님을 아이들은 그해 오랫동안 기억하게 될 것이다.

03 타인의 시선을 의식해 힘든 선생님에게

　학교라는 공간은 정말 특이하다. 한 학년에 10개 반이 있다면 10개의 독립적인 학급이라는 구조가 만들어진다. 학급마다 구성원이 다르고 분위기도 다르기에, 학급은 독립적인 공간이자 고립된 곳일 수 있다. 그렇게 물리적으로 고립된 공간임에도 학급 안의 선생님들은 타인의 시선을 의식하며 살아가게 된다.

　옆 반 학생 중에 조금 특별한 친구가 있었다. 다른 아이들 같으면 자기들끼리 말하고 끝낼 것을, 그 친구는 담임에게 와서 시시콜콜 이야기하곤 했다.

"왜 우리는 단합대회 안 해요? ○반은 내일 한다는데."

"○반은 아이스크림 먹는데, 왜 우리는 안 먹어요. 나도 먹고 싶은데."

"선생님, ○반 피자 먹어요. 아, 나도 그 반에 가고 싶다."

교무실에 와서 큰 소리로 말하며, 보란 듯이 담임한테 들으라는 것이다. 그런 말을 듣는 담임 선생님도 난감하지만, 아이스크림을 먹는 반이 우리 반인 경우, 나 역시 난감하다. 반 아이들에게 약속했던 아이스크림을 사주고도, 다른 반 친구들과 선생님들의 눈치를 살펴야 하는 것이다.

열의에 넘치는 신규 선생님 반에서 늦은 시간까지 학급 단합 활동을 했다. 그럼 우리 반 친구들이 '곧 오겠구나' 싶은 생각에, 마음의 준비를 해야 한다. 우리 반의 단합 대회 날짜를 잡자고 할 테니 말이다. 분명 교실이라는 공간은 분리되어 있지만, 아이들은 모두 연결되어 있다. 내가 관심을 갖지 않아도 아이들을 통해 저절로 다른 반의 상황을 알 수 있게 된다. 그럼 선생님들끼리도 눈치 아닌 눈치를 주고받아야 한다.

마치 아이들이 옆집 엄만 이렇던데 뒷집 엄만 이렇던데, 왜 우리 집은 이렇게 못 하냐는 식이 되어버린다. 선생님들은 그런 말이 편하지 못하다. 담임으로서 자신의 능력이 부족한 것처럼 느껴지기 때문이다. 그러다 보면 웃으며 다른 선생님께 이렇게 말하기도 한다.

"쌤, 너무 혼자만 열심히 하지 마요. 그럼 난 힘들다니까."
"쌤 반만 그렇게 하면, 나는 어떻게 해. 따라가기 힘든데."

의욕적으로 뭔가 해보고 싶은 선생님도 기운이 꺾이기는 마찬가지다. 웃으면서 이야기하지만, 그 말의 의미를 곱씹어야 하는 것이다. 아이들을 위해 뭔가 더 해주고 싶어도, 경력이 많은 앞뒤 반 선생님들을 고려해야 하나 싶은 생각도 든다.

같은 선생님들끼리도 학급 운영과 수업에 관한 생각이 다르다 보니 마음의 에너지를 쓰게 되는 것이다. 학교의 전체적인 틀에 맞춰야 하는 경우, 서로의 생각이 다르다 보니 그 안에서 생기는 어려움 또한 많다. 학교는 각각의 유연성을 인정하기보다 일률적으로 맞춰야 하는 경직성이 더 크기 때문이다. 그렇게 우리는 각자 자신의 수업을 진행하고, 학급을 운영하면서도 타인의 시선을 의식하며 살아가게 된다.

같은 학교에 몸담은 선생님들의 시선이 끝은 아니다. 학생들이 나를 바라보는 시선과 학부모의 시선도 의식하게 된다. 아이들이 나를 다른 선생님과 비교하며 어떻게 평가할까 싶은 생각도 든다. 아이들을 통해 학부모가 느끼게 될 나의 모습 또한 신경 쓰이게 되는 것이다. 옆 반 선생님의 학급 운영이 신경 쓰였던 이유는, 깊게 살펴보면 아이들의 평가와 판단 때문일 수 있다. 다른 선생님과 비교됐을 때, 좋은 담임으로서 인정받고 싶은 것이다. 적어도 남들만큼은 해야 한다고 느낀다. 그런 마음을 가지고 있는데 남이 너무 열심히 하면, 오히려 그 선생님이 그렇게까지 하지 않았으면 하는 마음이 들기도 한다.

물론 모든 선생님들이 그렇게 생각한다는 것은 아니다. 하지만 사람은 각자가 가지는 에너지의 한계가 다르다. 그렇기에 오히려 인간적인 측면에서 자연스럽게 이해되는 상황이기도 하다. 왜냐하면 육아와 가사에 에너지를 나누어 써야 하는 경우, 일과 가정의 밸런스를 맞추는 것이 어렵기 때문이다. '나도 미혼일 때는 저 정도의 시간과 에너지를 쓸 수 있었는데…' 싶은 마음이 들기도 한다. 지금은 자녀의 육아와 가사로 인해, 학교는 학교대로 가정은 가정대로 이도 저도 아닌 것 같은 마음에 서글퍼지기도 한다. 그렇지만 항상 마음만은 슈퍼맨이고 슈퍼우먼이 되어, 모든 것을 잘하고 싶다. 학급의 아이들에게도 더 많은 에너지와 시간을 쓰고 싶기도 한 것이다. 하지만 자신이 가진 에너지를 두루두루 나누어 쓸 수밖에 없기에, 학교의 다양한 활동들에 스스로 움츠러들기도 한다.

채널A의 〈오은영의 금쪽 상담소〉에서 가수 '에일리'의 고민을 상담해준 내용을 방영한 적이 있다. 타인의 비판을 힘들어하는 에일리에게 오은영 교수는 이렇게 말한다.

"살아가면서 우리는 굉장히 많은 상황에 처해요. 아무리 최선을 다하고 살아도, 나에게 오는 다양한 일들을 내가 다 막을 수는 없어요. 그러면 겪을 수밖에 없어요. 어떤 일(외부 자극)이 왔어요. 결과가 생겼어요. 그럼 이 중간에 요만한 가상의 공간이 있단 말이에요. 현재 에일리는 외부 자극과 결과 사이의 이 공간이 비어 있어요. 건강한 상태면 이 공간이 비어 있으면 안 되고, 나라는 사람으로 꽉 차 있어야 해요. 이 안에 꽉 찬 내가 있어야지, 이 받아들이는 자극이 투명 인간처럼 되어, 마지막 결과로 그대로 나가지 않고 나를 통해 transformation, 변형 이 일어나서 내가 잘 처리하는 거죠."

우리가 학교생활을 할 때 외부의 자극이 다양하게 주어진다. 내가 원하지 않았지만 다른 학급의 활동으로 인한 요구조건일 수 있다. 또는 학급 내 아이들의 요구일 수도 있다. 그와 같은 자 극을 내가 통제하거나 못 오게 막을 수는 없다. 그럼 우리가 외 부의 자극을 받아들이고 실행할 때, 자신이 어떻게 처리하는지 먼저 살펴봐야 한다.

'다른 반도 하는데, 아휴, 우리 반도 해야겠지?'
'이렇게 안 하면, 애들한테 원망받겠지.'
'하기 싫은데, 남들도 하니까 어쩔 수 없지.'

외부의 자극이 주어지고 이와 같은 생각들로 처리하게 되면 가상의 공간은 비어 있는 것이다. 외부의 기준을 그대로 통과시 킨 것이기 때문이다. 그 안에 나의 기준은 없다. 남들과의 비교 와 평가, 판단만이 있을 뿐이다. 물론 아이들에게 인정받고 좋은 평가를 받고 싶다는 마음이 나쁜 것은 아니다. 남들만큼 해야 한다는 생각이 좋지 않다는 것도 아니다.

하지만 이런 생각으로 활동을 하게 되면, 선생님의 몸과 마음의 에너지는 소모적으로 되어버린다. 아이들과의 즐거운 활동이 아닌, 의무감과 책임감만 남는 것이다. 내가 원해서 하는 활동이 아니기에, 힘이 들고 괴로울 수밖에 없다. 아이들도 그런 선생님의 마음을 알아챈다.

어떤 자극에 의해 내가 무언가를 하게 될 때, 그 안에는 나의 기준에 의한 자발성이 있어야 한다. 자발성이 없거나 내 안의 기준에 의해 움직이는 것이 아니라면 거절할 수 있어야 한다. 물론 그렇게 되면 '아이들이 나를 싫어하면 어떻게 하지…' 싶은 생각도 들 것이다. 하지만 억지로 남들의 시선에 의해 결정하게 되면, 그것은 자신을 무시하는 행동이 되어버린다. 그리고 언제나 남들의 시선을 의식하며 갈등한다. 이것도 해야 하나, 저것도 해야 하나 싶은 것이다.

꼭 옆 반처럼 하지 않아도 내가 정말 아이들을 위하는 마음이 있다면, 나의 상황에 맞춰 다른 형태로 표현할 수 있다. 그 마음을 아이들에게 잘 전달해주는 편이 나은 것이다.

내 마음이 진심으로 아이들을 향해 움직였는지, 외부의 눈치에 의해 움직였는지는, 학교생활에서 교사로서의 만족감의 중요한 기준이 된다. 모든 행동의 결과가 남이 아닌 내 기준에 의해 움직여야 한다. 그래야 타인의 시선을 조금이라도 덜 의식하면서, 선생님의 삶을 당당하게 만들어갈 수 있다.

04 수업은 고통 반,
행복 반이다

《선생님, 걱정 말아요》는 선생님들의 각각의 질문에 김성효 선생님의 답변이 담겨 있는 책이다. 그중에 이런 질문이 있다.

"좋은 수업을 해야 한다는 부담이 큽니다. 수업도 잘하고 싶고, 학급 운영도 잘하고 싶습니다. 아이들과의 관계도 좋았으면 좋겠고, 학부모도 제 말을 잘 따라주길 기대합니다. 모든 것을 완벽하게 잘하고 싶지만, 현실은 말처럼 간단한 게 아니어서 자주 지칩니다. 무엇보다 좋은 수업에 대한 부담이 커요."

이는 이 땅의 모든 교사들이 바라는 것이다. 사실상 수업을 잘하고 싶다는 부담감은 늘 선생님들 마음에 자리 잡고 있다. 그에 대한 김성효 선생님의 답변은 이러하다.

"수업에는 살짝 빈틈을 남겨둬야 아이들과 행복으로 채울 수 있답니다. 100점 말고 90점 수업을 해보세요."

그리고 스스로에게 이렇게 말했다고 한다.

"괜찮아. 그 누구도 처음부터 잘할 수는 없어. 언젠가 잘하게 되는 날이 오려면 지금 이 순간에 최선을 다하자. 그러려면 가르치는 일 자체를 즐기고 행복해지자."

선생님의 답변은 모두 맞다. 나도 이렇게 생각하려고 노력한다. 하지만 솔직히 말하자면, 이런 생각이 내 수업 준비에 크게 도움이 되지는 않았다. 왜냐하면, 나에겐 수업을 준비하는 과정이 고통스러웠기 때문이다. 오히려 '수업 준비는 고통이다'라고 인정하는 편이 나았다. 이처럼 수업은 나에게 애증의 그 무엇이다.

난 중학교나 고등학교에서 과학을 가르친다. 과학 교과는 호불호가 나뉘는 과목이다. 과학을 정말 마니아급으로 좋아하는 소수의 아이들이 있다. 그 아이들을 제외하면 대부분의 아이들은 과학을 어렵고 재미없는 과목으로 여긴다. 그래서 난 내가 가르치는 교과를 더욱 쉽고 즐겁게 가르치고 싶었다.

중학교의 열용량 개념을 설명하기 위해서 나는 양은 냄비와 뚝배기를 학교에 가져간다. '라면이나 메추리알을 삶을 때, 어떤 조리기구로 삶아야 할까?'로 시작한다. 그러다가 양은 냄비를 열면 진짜 삶은 메추리알이 나온다. 이런 수업 후, 수업을 들어가는 모든 반의 아이들에게 메추리알을 2~3개씩 나누어준다. 그럼 아주 열렬한 반응이 나온다. 열용량의 딱딱한 과학 개념을 '어떻게 즐겁게 수업할 수 있을까?' 그런 수업을 구상하기까지가 참 힘이 든다. 매번 수업 전날 메추리알을 삶아서 가는 것도 쉽지만은 않다.

확산을 가르칠 때는 향수 입자 말고, 오렌지 향 입자의 분자운동을 느끼게 해준다. 결국 많은 아이들이 먹을 수 있게 점점 오렌지의 개수도 많아진다. 장을 보고 사서 들고 가는 것도 만만치 않다. 상태 변화의 개념을 가르칠 때는 아이스티를 타주거나 아이들과 달고나를 함께 만들기도 한다. 먹는 것을 수업과 연결할 때, 아이들이 수업에 가장 집중하며 좋아하기 때문이다.

물론 먹는 것 말고도 내 수업에는 똘똘이, 콩순이, 토끼 인형이 등장하거나 원자나 분자의 결합을 가르칠 때는 블록이 등장하기도 한다. 큰 공과 주사위, 탁구공, 실로폰과 같은 다양한 것들이 수업에 쓰이기도 한다. 질량과 무게의 차이를 말하기 위해서는 윗접시저울과 아이언맨 피규어 등이 등장한다.

지금은 위치에너지를 뿅망치로 수업한다. 한때 쟁반 노래방이 유행했던 시절에는 쟁반과 노끈을 이용해 교실에 쟁반이 떨

어지는 도구를 설치해주었다. 아이들은 그렇게 쟁반 노래방을 체험한다. 물론 쟁반의 높이와 쟁반의 질량에 따라 위치에너지가 달라짐을 알 수 있도록 한다. 가끔은 과학 수업임에도 아이들과 역할극을 하기도 하고, 나 혼자 1인 2역을 해가며 거의 쇼를 펼치기도 한다.

한번은 고등학교에서 정반응과 역반응에 대한 수업을 하게 되었는데, 나는 조금 더 쉽고 즐겁게 수업을 하고 싶었다. 하지만 아무리 생각해도 수업 구상이 잘되지 않았다. 한참을 생각하다가 큰 판에 양파링을 달고 중간에 상자를 만들었다. 중간 상자 안에 구운 양파를 숨겨놓은 것이다. 양파링이 상자를 지나고 나면 구운 양파가 나올 수 있도록 제작했다. 양파링이 어떤 반응을 통해 구운 양파가 되는 것이 정반응이라면, 구운 양파에서 다시 양파링이 되는 것은 역반응이라는 것을 시각적으로 보여주었다. 그때 당시 1개 반의 한 번의 수업을 위해 그 판 하나를 만드는 데 굉장히 많은 시간이 걸렸다.

　그냥 생각만으로는 쉬운 것 같지만, 이 모든 것은 무에서 유를 창조하는 것과 다름없었다. 과학 개념을 실생활의 친밀한 것과 비교적 유의미하게 연결해내는 것은 생각보다 그리 쉬운 작업은 아니다. 며칠을 끙끙대도 생각나지 않을 때가 훨씬 더 많기 때문이다. 그럼에도 불구하고 이런 작업을 매시간 했다. 일주일에 4차시이면 4번을, 2개 학년을 거치면 일주일에 7~8번을 이와 같은 수업을 준비한 것이다. 나에게 수업 준비는 사실상 고통이었다.

　그렇게 힘들었음에도 내가 계속 지속할 수 있었던 이유가 있다. 예전 KBS2에서 방영한 〈개그콘서트〉라는 프로그램이 있었다. 그 프로그램의 개그맨들은 일주일에 한 번의 방송을 위해 새로운 시나리오를 짜고 개그 연습을 한다. 그렇게 무대에 올랐을 때 관객의 웃음과 열렬한 반응, 즐거워하는 모습을 보고 박수를 받게 된다. 그럼 그 준비 과정이 뼈를 깎는 고통이어도 다시 해낼 수 있는 것이다.

　내가 그랬다. 수업의 준비 과정은 고통이었지만, 수업이라는 무대에서 나는 개콘의 주인공이 되었다. 매 첫 차시 수업은 다섯 번 이상 혼자서 중얼거리며, 출근길 차 안에서 리허설을 했다. 관객만 다를 뿐이지, 그 첫 시간도 나에게는 무대였기 때문이다. 하지만 관객 없이 연습한 수업은 아무래도 완벽하지 못했다. 개콘이 생방송으로 관객들과 호흡하며 그 시간을 만들어갔듯이, 나의 수업의 부족함은 아이들이 웃음으로 채워주었다. 그렇게 우리는 매시간 즐거웠다. 무대와 같은 수업이 끝나면, 아이들은 어떻게든 나에게 자신들의 마음을 전해주었다.

"과학 수업이 너무 재미있고 과학에 관심이 생겼어요."
"재미있게 수업해주셔서 감사해요."
"과학을 좋아하지 않았는데, 선생님 덕분에 과학 수업이 좋아졌어요."

1년이 지나고 학기 말에 아이들이 건네주는 감사와 내 열정에 대한 인정은, '내가 잘 살았구나' 싶은 마음이 들게 한다. '올 한 해도 참 행복하다'의 감정으로 끝나는 것이다. 굉장히 짧지만, 아주 강렬하기에 1년의 고통을 없애버리고 만다. 그래서 다음 해에도 그 고통의 순간을 또다시 견뎌내는 것이다.

내가 생각하는 수업은 고통 반, 행복 반이다. 그래서 나에게 수업은 사랑과 고통의 마음이 아우러지는 애증의 관계다. 수업 준비는 고통스러울 만큼 힘들지만, 아이들과 함께하는 수업의 무대는 정말 즐겁고 행복하다. 사실상 고통을 선택하지 않았다면, 별 준비 없이 무미건조하게 수업에 들어갔다면, 짜릿한 행복의 순간도 맛볼 수 없었을 것이다. 수치로 따져본다면, 고통은 50%, 행복은 51%일지도 모른다. 절반의 고통을 상쇄하고도 1%가 더해진 수업의 의미를 찾을 수만 있다면, 그것만으로도 성공이다. 왜냐하면 그 1%는 그와 같은 고통을 선택했기에, 찾아올 수 있는 행복이기 때문이다.

05 학급에서의
깨진 유리창 법칙

　'깨진 유리창 이론(Broken Window Theory)'이 있다. 낙서나 유리창 파손 등 경미한 범죄를 방치하면 큰 범죄로 이어진다는 범죄 심리학 이론이다. 1969년 스탠퍼드 대학 심리학 교수였던 필립 짐바르도(Philip Zimbardo)는 두 대의 자동차 중 한 대는 유리창을 깨어놓고, 다른 한 대는 깨지 않은 상태로 방치해두었다. 유리창이 깨지지 않은 자동차는 처음 상태 그대로 유지되었다. 하지만 유리창이 깬 자동차는 배터리나 타이어 같은 부품이 없어졌다. 더 이상 훔쳐갈 것이 없자 자동차를 마구 파괴해버렸다. 깨진 유리창 하나를 방치하자, 그 지점을 중심으로 범죄가 확산된 것이다. 1982년 미국 범죄학자 조지 켈링(George L. Kelling)과 정치학자 제임스 월슨(James Q. Wilson)은 이 실험에 착안해, '깨진 유리창 이론'이라는 명칭을 최초로 붙였다.

이 이론을 적용해 범죄를 줄인 예가 있다. 뉴욕시장으로 선출된 루돌프 줄리아니(Rudolf Giuliani)는 범죄의 온상이었던 지하철 내의 낙서를 모두 지우도록 했다. 하지만 지워도 지워도 낙서는 다시 생겨났다. 그 모든 낙서를 지우는 데 수년이나 걸렸지만, 그 과정에서 범죄율이 줄어들기 시작했다. 뉴욕시는 경범죄를 엄격하게 처벌하자, 강력 범죄까지 줄어드는 결과를 얻었다.

난 학급에서도 '깨진 유리창 이론'이 통한다고 생각한다. 물론 교실에서 범죄가 일어날 수 있다는 의미가 아니라, 조금 다른 측면에서 학급에도 깨진 유리창 법칙이 적용되는 것이다.

3월에 담임은 학급의 물리적인 환경을 만들어야 한다. 부서별로 필요한 많은 서류들도 제출해야 한다. 수업을 들어가는 여러 반 친구들과 학기 초 서로 맞춰가야 하는 것도 중요하다. 그 외에도 숱한 회의와 많은 업무로 정신이 없다. 한 해 중 3월만큼 정신없는 달이 없다고 할 수 있을 정도다.

중학교는 초등학교와 다르게 담임이 온종일 아이들과 함께 있지는 않다. 수업을 제외하고 아이들과 만나는 시간은 조·종례 시간이 전부라고 할 수 있다. 반면 학급 아이들끼리는 3월 개학 첫날부터 하루에 6~7교시를 매일 함께 붙어 있게 된다. 그렇기에 담임에 비해 자기들끼리 구성원에 대한 파악이 빠르다. 또는 같은 초등학교를 나온 경우, 어떤 식으로든 유명했던 아이를 담임보다 더 잘 알고 있게 된다.

여기서 말하는 유명했던 아이는 예를 들어, 학교 폭력에 연루된 친구나 아이들이 흔히 '분노조절 장애'라고 말하는 아이, 유독 튀는 행동을 잘하거나, 우리가 '일진'이라고 하는 아이, 장난기가 많거나, 폭력적이거나 욕설을 많이 하거나, 문제를 많이 일으킨 아이들처럼, 학생들 기준에서 일반적인 선을 넘는 친구들을 의미한다.

이런 친구들이 학급 구성원에 있으면 담임이 미처 파악하지 못한 사이, 학급의 반 아이들은 이와 같은 인식을 가질 수 있다.

"저 애가 우리 반에 있으니, 우리 반은 이미 글렀어."
"그럴 줄 알았어. 우리 반이 그럼 그렇지."
"정말 우리 반 애들 너무 별로다. 진짜 짜증 나."

아주 작은 유리창의 깨진 조각이 발견되는 순간, 아이들은 이미 깨진 유리창으로 쓰레기를 버리기도 한다. 부품을 떼버리거나 자동차 한 대를 완전하게 파괴해버릴 정도로 반에 대한 부정적인 이미지를 만들 수 있다.

보이지 않는 아이들의 마음의 벽은 무서운 것이다. 학급에 대한 자신들이 가진 이미지가 그 한 해 자신이 몸담은 학급의 방향을 결정지을 수 있다. 문제가 발생한 학급은 학기 말로 갈수록 더 많은 사건·사고가 생기는 이유가 여기에 있다. 학급의 분위기를 아이들이 알게 모르게 스스로 마음속에서 정해버리는 것이다. 또한, 아이들이 좋아하지 않는 친구가 소속될 경우, 학급의 부정적인 이미지는 더 빨리 형성되기도 한다.

그런 상황에 유독 튀는 아이가 있다면, 그 반 친구들은 생각보다 자신의 반에 마음의 문을 열지 못한다. 자신들도 모르게 이미 올해는 구성원이 좋지 않아 망했다느니, 싫다느니 이런 생각을 하게 되는 것이다.

담임은 깨진 유리창 조각을 되도록 빠르게 찾아야 한다. 그리고 그와 같은 생각의 연결 고리를 끊기 위한 노력을 해야 한다. 그렇지 않으면 1~2명씩 문제를 일으키기 시작하고, 담임은 하나씩 불거지는 사건·사고를 해결하느라 정신이 없게 된다. 그럼 3~4월은 눈치 보며 얌전했던 아이들도 반 분위기가 어수선하다고 느끼는 순간, 크고 작은 사건들을 일으킬 수 있다.

구성원 중에 문제를 일으키는 친구나 도움반 친구가 있을 때, 교사는 어떻게 해야 할까? 우리 반은 다양한 구성원들이 모여 있고, 우리 모두는 완벽하지 않음을 인식시키는 것이 좋다. 하지만 서로가 다름을 인정하고 부족한 것을 채워간다면, 우리 반은 괜찮은 반임을 학기 초에 빠르게 암시해준다. 그래서 난 학급 아이들과의 첫 만남에 장미와 튤립 사진을 나누어준다.

장미 입장에서 보면 튤립이 이상하기만 하다. 꽃잎 색은 노랑이고 향도 자신과 같은 장미향이 아니다. 튤립 입장에서 보면 장미의 빨간색도 이상하고 향도 별로일 수 있다. 모든 것을 내 기준에서 바라보면, 상대는 너무나 이상하다. 하지만 장미는 빨간색일 때, 튤립은 노란색일 때, 그렇게 자신만의 색을 지닐 때 의미가 있다. 각자 고유의 색과 향이 있을 때 아름다울 수 있는 것이다. 이렇듯 자신을 기준으로 하기보다 상대를 있는 그대로 인정할 수 있어야 함을 아이들에게 이야기한다.

또 누군가는 꽃이 아닌 잔디일 수 있다. 잔디는 꽃이라 보기 어렵고 생김새도 다르다. 하지만 잔디 나름대로 사람들에게 편안함을 주며, 누군가에게 기여할 수 있음도 알려준다. 서로 다름을 인정하고, 부족함을 채워줄 수 있어야 함을 말해주는 것이다. 너무나도 다른 한 명, 한 명이 모였지만, 그렇기에 우리 반은 더 괜찮은 반임을 자주 암시해주어야 한다. 꼭 첫 시간이 아니어도 괜찮다. 하지만 학기 초에 좋은 학급의 모습을 만들어갈 수 있음을 말해주는 것이 좋다. 가정에서의 예를 들어주기도 한다.

"사람은 모든 걸 다 잘할 수는 없어. 서로 부족한 것이 있거든. 그런데 엄마, 아빠가 서로의 잘못만 지적하고 싸우며 서로의 탓만 해. 그럼 그 가족은 나누어지고 금이 갈 거야. 그럴 경우 그 안의 나는 어떨까?"

"반대로 부족한 것을 인정하고 서로 채워주며 따뜻하게 감싸준다면, 그 안에서 나는 어떨까? 가족이 4명이라면 그 4명만으로도 어려움이 있을 텐데, 학교에서 우리 반이 가족이라면 32명의 아이들이 모인 곳이니 얼마나 더 어려움이 많겠니?"

"우린 서로 완전하지 않단다. 서로 잘하는 것도, 서로 부족한 것도 달라. 내 기준에서 마음에 들지 않는 부분도 있을 거야. 하지만 그런 부분을 서로가 인정해주고 감싸줄 수 있다면, 그 안에서 나도 더 안정되고 편안하겠지. 가족과 같이 학급도 그런 거야. 그리고 어떤 경우든 우리가 가야 하는 길은 서로의 마음을 모으고 화합하는 방향이 될 거야. 올 한 해 우리는 한배를 탔기에 서로가 노력해야 하고, 그래야 그 안에서 나도 편안할 수 있단다."

깨진 유리창으로 인해 내가 탄 자동차가 이미 '글러 먹었다'고 아이들이 생각한다면, 그 반은 시간이 지날수록 어려움이 커질 수 있다. 아이들은 깨진 유리창이라고 생각할 수 있지만(몇 명의 구성원으로 인해), 우리 반은 '글러 먹지 않은 반'임을 말해주어야 한다. 그럼에도 불구하고 '괜찮은 반'임을, 담임으로서 그렇게 만들 거라는 확신을 주어야 하는 것이다. 그렇지 않으면 아이들은 더 이상 의지할 곳을 잃게 된다.

아이들 사이에서 생기는 갈등을 해결하기 위해 담임이 내 학급을 더욱 안전한 곳으로 만들겠다는 의지를 보여주어야 한다. '나를 믿어라' 또는 '이런 멋진 반이 될 수 있다'라는 암시를 빠르게 아이들에게 지속해서 줄 수 있어야 한다. 그래야지만 아이들은 서로의 차이를 인정하고 부족한 부분을 채워가려는 강력한 동기를 부여받을 수 있다. 아이들의 분산된 에너지를 모으고, 그 한 해 학급의 긍정적인 시너지 효과를 만들어갈 수 있는 사람은 결국 선생님이다.

06   교사는
교육의 꽃이다

'먼 옛날 어느 별에서 내가 세상에 나올 때
　사랑을 주고 오라는 작은 음성 하나 들었지.
　사랑을 할 때만 피는 꽃 백만 송이 피워오라는
　진실한 사랑을 할 때만 피어나는 사랑의 장미

　미워하는 미워하는 미워하는 마음 없이
　아낌없이 아낌없이 사랑을 주기만 할 때
　수백만 송이 백만 송이 백만 송이 꽃은 피고
　그립고 아름다운 내 별나라로 갈 수 있다네.'

　매해 교과 수업 첫 시간에 오리엔테이션을 한다. 교실에 들
어가면 '심수봉'의 〈백만 송이 장미〉 가사를 칠판에 적는다. 아

이들도 나도 서로의 눈빛만으로도 긴장되는 첫 만남의 시간에, 들어가자마자 노래 가사를 적는 것이다. 처음에는 읽어주다가 '미워하는~'부터는 아예 큰 소리로 노래를 불러준다. 몇몇 친구들은 웃음을 참느라 애쓰고, 대부분은 어떤 표정을 지어야 할지 몰라 난감해한다.

노래를 마치고 나면 나의 스토리를 들려준다. "선생님의 고향인 그립고 아름다운 별나라는 안드로메다란다"라고 말해준다. 선생님은 안드로메다에서 공주로 살다가 이 지구별에 오게 되었고, 그때 작은 음성 하나를 들었다고 말한다. 사랑을 할 때만 피는 꽃인 장미를 백만 송이 피워야지만, 다시 고향으로 돌아갈 수 있다는 것을 알려준다.

그렇게 여러분 가슴속에 장미 한 송이씩 피어날 때, 고향으로 갈 수 있다는 것이다. 하지만 그 장미는 선생님 혼자 피울 수 없고, 여러분이 도와주어야 한다고 말한다. 가슴속에 장미가 피려면, 여러분도 선생님에게 미워하는 마음 없이 아낌없이 사랑을 줄 때만 가능하다고 이야기한다. 그렇게 각자의 마음속에 한 송이씩 장미가 피어날 수 있게 해달라고 말하는 것이다.

이야기가 끝나면 안드로메다는 우리 은하에서 약 250만 광년 떨어져 있다는 것도 알려준다. 대략 45억 년 후에는 우리 은하와 안드로메다 은하가 충돌할 거라는 과학자들의 예견도 들려준다. 그다음엔 수업 시간에 지켜야 할 우리의 약속과 예습, 복습 방법을 알려준 후, 오리엔테이션을 마무리한다.

나중에 스승의 날 때쯤, 아니면 한 해가 끝날 때쯤, 아이들은 너무 충격적이었다고 말한다. 또는 굉장히 이상한 선생님인 줄 알았다고 이야기한다. 무서운 선생님인 줄 알았다는 아이들도 있다. 하지만 거의 대부분의 아이들은 이렇게 말해준다.

"선생님의 첫인상은 조금은 차갑고 냉정하고, 무뚝뚝하고 얼음 같아서 겁먹고 있었어요. 그런데 백만 송이 장미를 부르시는 순간, 마음의 벽이 깨지면서 제 마음속에도 장미 한 송이가 피었어요. 저뿐만 아니라 저희 반 친구들 마음속에도 모두 장미가 피었을 거예요. 대신 안드로메다로 떠나시면 안 돼요."

어느 날 선생님들과 음식점에 갔는데 그곳의 매니저가 먼저 아는 체를 했다. 그의 첫 마디는 이랬다.

"혹시, 안드로메다 선생님 아니세요?"

어느덧 체인점의 매니저가 된 10년 전 제자였다. 그 아이는 10년이 지났어도 안드로메다와 백만 송이를 기억하고 있었다. 그때 나의 스토리를 알게 된 몇 분의 선생님들이 웃으며 멋쩍게 물으셨다.

"그런데, 왜 그러시는 거예요?"

이 말 한마디에는 여러 가지 의미가 담긴다. '도대체 왜 그렇게까지 하냐?', '꼭 그렇게 해야만 하냐?'의 의미와 그 속에 담긴 진짜 의미가 궁금해서이기도 한 것이다. 사실 나도 처음 만난 아이들 앞에서 첫 시간부터 노래를 부른다는 것은 큰 용기가 필요한 일이다. 그런데도 내가 그렇게 하는 이유는 나에겐 하나의 의식이 되었기 때문이다.

'난 정말 너희들을 미워하지 않을 거야. 미워하는 마음 없이 아낌없이 사랑만 줄게.'
'너희들도 나에게 마음의 문을 열어줘.'
'우리 그렇게 미워하는 마음 없이 아낌없는 사랑으로 1년을 함께해보자.'

노래를 불러줄 때, 그리고 나 혼자는 할 수 없으니 너희들의 도움이 필요하다고 말할 때, 난 최대한 나의 진심을 담는다. 그렇게 나의 마음을 보여주고, 아이들이 나에게 마음의 문을 열어주기를 바란다. 정말 그게 나의 진심 어린 마음이기 때문이다. 그럼 아이들은 고맙게도 내 마음을 받아준다. 그리고 그들의 사랑을 듬뿍 전해준다. 장미를 피우기 위한 스스로의 노력을 기울여주는 것이다.

수업이 아닌 학급에서는 담임으로서 당당하고 파워풀한 모습을 보인다. 우리 학급이 어떤 분위기를 가졌으면 하는지 말한다. 왕따가 되는 친구가 없도록 만들어나갈 것이며, 그런 친구들을 철저하게 보호할 것이라는 메시지도 준다. 그런 나를 믿고 따르라는 강렬한 신뢰의 말을 전해주는 것이다. 그럼 아이들은 '아, 다행이다. 선생님을 믿고 따르면 내가 안전하고 편안한 학급에서 생활할 수 있겠구나'라는 느낌을 받는다. 꼭 이 같은 내용이 아니더라도 선생님들마다 생각하는 자신의 학급에 대한 메시지를 학기 초에 강렬하게 심어줄 수 있으면 좋다.

물론 1년 동안 무슨 일이 일어날지 어떻게 아냐며, 의도하지 않은 일들이 생기면 어쩌냐고 할 수 있다. 왜냐하면 당당하고 파워풀한 모습을 보였더라도 그런 일이 생기지 말라는 보장은 없기 때문이다. 하지만 그와 같은 모습을 보여놓았기에, 혹시나 학급에 문제가 생기면 목숨 걸고 해결하겠다는 마인드가 생긴다. 자신의 말에 책임을 져야 하기 때문이다. 사실 그것은 담임의 역할이기도 하다. 스스로 보여주는 나의 이미지는 책임이 따르기에 어려움도 있다. 하지만 학급을 운영하고 수업을 하는 데 내가 앞으로 나아갈 방향이 되기도 한다.

학기 초와 다르게 중반 무렵이 되면 반 구성원 30명의 합이 모여, 학급의 분위기를 결정짓는다. 따뜻하고 배려하고 함께하는 반이면 좋겠지만, 구성원들의 모습에 따라 다른 방향으로 향해버릴 수 있다. 나의 의도와 전혀 다른 느낌의 반이 탄생하는 것이다. 무기력한 반의 모습이거나 서로에게 냉소적일 수 있다.

그럼 대부분의 담임은 다른 반과 자신의 반을 비교하며 아쉬움을 금치 못한다. '우리 반도 활기차고 따뜻한 분위기였으면…' 하고 생각하는 것이다. 그러다 보면 반 아이들에게 '너희들은 왜 이렇게 무기력하니?'라고 말해버릴 수 있다. 또는 '너희들은 왜 이렇게 냉소적이니? 좀 더 따뜻하게 친구를 배려할 수 없니?' 하는 식의 아쉬움의 말을 내뱉는다. 그것은 자신의 학급을 아끼기 때문에 하는 말이지만, 결과적으로는 자신의 반을 이미 그런 반이라고 규정짓는 것이 되어버린다. 내가 아쉽다고 생각하는 부분이나 반 아이들의 부족한 부분을 직접적으로 드러내는 것은 별로 도움이 되지 않는다.

그것보다는 우리 반의 강점을 빠르게 찾아야 한다. 또는 담임이 지향하는 반 분위기를 유도해주면 좋다. 내가 만들고 싶은 반 분위기에 맞는 칭찬을 자꾸 해주어야 한다. 물론 내가 생각하는 기준에 한참 미흡하더라도, 아주 작은 것부터 칭찬해야 한다. 그래야 결국 원하는 반의 모습이 될 수 있다. 무기력한 반에는 '할 수 있다'라는 암시를 준다. 냉소적인 반이라면 아주 작은 것이라도 따뜻한 일을 한 행동에 대해 크게 부각시켜 말한다. '선생님은 우리의 이런 모습을 좋아하시는구나'를 간접적으로 알 수 있도록 표현해주는 것이다.

　이처럼 전체적인 학급의 윤곽을 잡아서 나아갈 방향을 정하고 반 이미지와 분위기를 만들어줄 수 있는 사람은 오직 선생님밖에 없다. 왜냐하면 교육의 꽃은 교사이기 때문이다. 결국 아이들을 하나로 모을 수 있는 것도, 아이들의 마음을 훔칠 수 있는 것도, 학급의 분위기를 따뜻하게 만들어 아이들이 편안하게 생활할 수 있도록 하는 것도, 모두 교육의 꽃인 선생님이 할 수 있는 일이다.

07 선생님의 자존감은
우리 아이들의 자존감이다

조세핀 김 작가의 《교실 속 자존감》에는 이런 내용이 있다.

"자존감이란 틀을 통해 자신을 바라봤을 때, 나는 어떤 사람
인가요? 선생님도 한번 생각해보셨으면 좋겠습니다. 자신에
대해 긍정적인가요? 아니면 다소 부정적인가요? 선생님의 자
존감은 매우 중요합니다. 왜냐하면 부모의 자존감이 아이에게
대물림되는 것처럼 선생님의 자존감도 말과 행동을 통해서 학
생들에게 절대적인 영향을 끼치기 때문입니다."

책에는 학생들의 자존감을 낮추는 선생님들의 특징 몇 가지
가 소개되어 있다.
· 학생들에게 관심이 없고 돌보려고도 하지 않는다.

· 학생들의 관심이나 생각의 표현을 방해한다.
· 어려움이 발생할 때 짜증을 내거나 언성을 높여 화를 낸다.
· 행동과 말을 통해 자신의 불안과 낮은 자존감을 나타낸다.
· 신경질적이고 거친 행동을 한다.
· 학생들과의 대화 속에서 학생을 늘 깔보고 학생들의 감정, 차이점, 필요성, 욕구에 대한 민감성과 존경심을 갖지 않는다.

교사로서 나의 자존감이 어느 정도 형성되어 있는지 알기 어렵다. 교사의 자존감이 아이들에게 얼마나 큰 영향을 미치는지도 쉽게 알 수 없다. 다만 예전에 SBS에서 방영한 프로그램인 〈우리 아이가 달라졌어요〉에서는 부모가 달라지면 대부분의 아이들 역시 달라진 모습을 보였다. 마찬가지로 교사의 자존감이 달라지면 학생의 자존감 또한 달라질 것은 명백하다. 왜냐하면 교사의 말 한마디와 행동 하나하나가 아이들의 자존감에 영향을 줄 수 있기 때문이다.

코로나19 전, 중학교 1학년 2학기에 주제 선택 수업을 하게 되었다. 한 주에 월요일반, 화요일반 2개를 진행했다. 이때 월요일반과 화요일반의 구성원이 달랐다. 주제 선택 수업은 아이들이 직접 수업을 선택할 수 있기에, 다른 반 아이들도 내 수업을 들을 수 있게 된다. 반이 섞인다는 것이 나에겐 부담스러웠다. 왜냐하면 난 6~10반의 5개 반 수업만 들어갔기 때문이다. 내가 앞 반 학생들을 전혀 모른다는 사실이 부담되었다. 2학기였기에 이미 아이들끼리는 친할 텐데, 수업은 안 듣고 짓궂게 떠들기만 하면 어쩌나 싶은 걱정도 들었다. 그래서 같은 학급의 친구들을 다 떼어서 좌석 배치를 미리 해두었다.

수업 당일, 선생님이 정해놓은 자리에 앉으라고 한 후, 첫 차시는 '마음 열기'를 위한 오리엔테이션을 진행했다. 월요일반 친구들은 다행히 너무나 즐겁게 '마음 열기' 활동을 했다. 카드를 이용해서 이야기를 나누며 서로에 대해 알아가는 모둠 활동이었다. 모둠 4명이 보자기를 잡고 협력해서 공을 떨어뜨리지 않고 위로 올리는 게임도 했다. 제일 많이 위로 올린 모둠에게 상품도 주었다. 다행히 아이들은 그와 같은 활동을 정말 즐거워하며 좋아했다.

다음 날, 새로운 화요일반의 친구들이 왔다. 어제 월요일반 친구들처럼 레크리에이션을 진행하기 위해 자리 배치대로 앉으라고 했다. 그런데 분위기가 어제의 아이들과 사뭇 달랐다. 아이들이 바로 앉지 않고 머뭇거리더니, 한 친구가 말했다. "그냥 앉고 싶은 친구랑 앉으면 안 돼요?" 하는 것이다.

월요일반 친구들도 자리 배치대로 앉았기에, 나는 그대로 밀고 나가기로 했다. 같은 반 친한 친구와 앉고 싶은데, 반 친구들을 모두 떼어서 자리 배치한 것이 아이들 입장에서는 싫었던 모양이다.

"일단, 선생님이 자리 배치한 대로 앉아보세요."

아이들은 마지못해 쭈뼛쭈뼛 자리에 앉긴 했다. 수업을 나가는 것도 아니고 친목을 위한 게임이었기에 화요일반 친구들도 즐겁게 하리라 생각했다. 카드를 이용해서 어떻게 할지 설명해주고, 이제 모둠별로 이야기를 나누라고 했다. 그런데 맙소사! '어떻게 이런 일이 있을 수 있지?' 싶을 정도로 아이들은 어색함에 단 한마디도 말하지 않았다. 그것도 일제히 동시에. 아이들이 떠들 것을 우려해 자리 배치까지 해두었던 나의 걱정과는 정반대의 상황이 벌어졌다. 침묵은 전혀 예상치 못한 시나리오였다. 모둠 활동에 대해 다시 한번 설명해주었지만, 생각보다 침묵의 시간은 길어졌다.

나는 혼란스러웠다. 분명 월요일반 친구들은 너무나 즐겁게 수업했던 똑같은 활동이었는데, 정반대의 상황이 벌어지자 이 상황을 어떻게 해결해야 하나 싶은 생각에 머릿속이 복잡했다.

'얘들아, 어제 월요일반 친구들은 너무나 즐겁게 활동했는데, 너희들은 왜 그러니? 어색해도 이제 함께 수업도 들어야 하니까, 빨리 친해져야 하지 않겠니? 어서 해봐'라고 말하며 끝까지 나의 활동을 설득시켜야 하나 싶었다. 또는 왜 제대로 안 하냐며 협박 내지는 앞 반 친구들과 비교하며 '너희들 참 이상하다' 식으로 말해야 하나 싶기도 했다. 아니면 그들의 모습을 그대로 인정해주어야 하나 싶어 참 고민스러웠다.

어찌어찌 45분여의 시간이 끝나고 쉬는 시간이 되었다. 쉬는 시간에도 내 마음의 갈등과 고민은 이어졌다. 결국 종이 치고 다시 교실로 들어갔다. 그리고 이렇게 말했다.

"미안하다. 얘들아, 난 너희가 이렇게 힘들어할 줄은 몰랐어. 너희가 이렇게 서로를 어색해하고, 말을 건네는 것조차 힘들어하리라고 전혀 예상하지 못했거든. 앉고 싶은 친구들과 앉아도 좋아."

그렇게 먼저 사과를 했다. 그러자 아이들의 표정이 밝아지더니, 말이 떨어지자마자 자리를 바꾸기 시작했다. 180도 상황이 바뀌면서 아이들은 이내 말이 많아지고 떠들기 시작했다. 나중에 몇 번 더 수업을 진행하다 보니, 월요일반 친구들은 수업에 적극적이고 의욕적인 아이들이 많았던 반면, 화요일반 친구들은 자신감이 별로 없고, 수업에 의욕적이지 않았다.

《교실 속 자존감》에서 교사의 자존감을 체크할 수 있는 내용 중 다음과 같은 문장이 있다.

"'나는 내가 학생들에게 실수해도 사과할 필요가 없다고 생각한다'는 선생님은 자존심이 강하지만 자존감이 낮습니다. 자존심이 강한 사람은 실수를 해도 사과를 하지 않습니다. 대신 남 탓으로 돌립니다. 카나모리 선생님이 만약 '너희가 선생님 말을 안 들으니까 반 전체가 보트를 못 타게 된 거라고. 이

건 너희 잘못이야. 선생님 말만 들었어도 즐겁게 놀 수 있었을 텐데…'라고 말했다고 해봅시다. 교사가 가진 힘으로 학생들을 억압한다고 해서 원하는 대로 자라게 할 수는 없습니다."

내가 자존감이 높아서 그 순간 사과를 한 건지는 잘 모르겠다. 하지만 1가지 확실한 건 자존심을 부리지는 않았다는 것이다. 그리고 아이들의 다양성과 차이를 인정했다. 어른인 선생님이 아이들인 학생들에게 사과를 했다고 해서, 나의 권위가 손상되거나 내가 아이들에게 열등감을 느낀다고 생각하지는 않았다. 오히려 나는 아이들을 존중할 줄 아는 내가 자랑스러웠다.

그 수업이 끝나고 한 여학생은 나에게 편지를 주었다. 선생님이 우리에게 미안하다고 사과할 줄은 몰랐다며 정말 고맙다는 내용이었다. 언젠가 이 아이들이 어른이 되어서, 자신의 자녀에게, 아니면 다른 아이에게도 존중과 배려, 그리고 사과까지도 할 수 있는 어른이 되기를 바란다.

선생님의 자존감이 곧 우리 아이들의 자존감이다. 선생님이 스스로를 사랑하고 자신의 가치와 유능감을 믿고 행동할 때, 우리 아이들도 선생님의 말과 행동을 통해 존중받으며, 자신의 자존감을 형성해나갈 수 있다. 그렇게 자존감을 가진 선생님만이 그들에게 자존감이라는 멋진 선물을 전해줄 수 있다.

2장

지금 선생님에게
절실하게 필요한 것은

01 지금 선생님의 자존감은 안전한가요

말을 듣지 않는 아이, 나를 무시하는 눈빛의 아이, 욕을 하는 아이, 열심히 지도해도 변하지 않는 아이, 그로 인한 교사로서의 무력감, 생활지도의 추락, 재미없는 수업, 끊임없이 주어지는 업무, 따가운 눈초리로 이것저것 요구만 하는 학부모, 뭐든 담임 탓하는 학부모, 승진하지 못한 평교사, 관리자의 업무 강요, 담임이 사이버 수사대가 되어야 하는 시대의 흐름, 수업 전문가에 대한 로망과 그로 인한 엄청난 부담감, 달리지 않으면 나만 도태될 것 같은 분위기, 수많은 연수에 쫓겨야 하는 불안감, 마음의 여유를 가질 수 없는 정신없는 일과, 문제 상황의 모든 걸 혼자 감수해야 하는 책임과 외로움, 소통이 어려운 학교, 그와 같은 학교의 붕괴, 수많은 교권의 붕괴.

이러한 일들은 교사의 자존감에 영향을 주는 것들이다. 작은 것부터 하나씩 나열하다 보면 A4 한 장은 빼곡히 적어갈 수 있을 것 같다. 도대체 무엇이 잘못된 것일까? 아니 어디서부터 잘못된 것일까?

학교는 예전보다 더 많이 바빠지고 삭막해졌다. 코로나19로 인해 선생님들끼리 편하게 차 한 잔 마실 수 없게 된 상황이 학교 현장을 더욱 숨 막히게 만들었다. 물론 이런 상황은 교사들만 그런 것이 아니니, 논외로 하는 것이 맞을 것이다. 하지만 기존 등교 수업에 확진자 수가 늘어날 때마다 갑작스럽게 결정되었던 원격수업의 대체는 교사의 피로도를 높였던 상황임은 틀림없다.

우리는 학교 현장의 다양한 제도적인 상황에 의해 육체적·정신적으로 지쳐가기도 한다. 교사로서의 자존감에 상처를 받기도 한다. 어느덧 교사는 학생과 학부모에 비해 약자가 되어버린 것 같은 느낌마저 든다. 내가 자라던 시절과 달리 교사의 권위는 찾아보기 어렵다. 시대가 변하고 다양한 제도적 흐름 때문이기에 어쩔 수 없는 것일지도 모른다.

하지만 우리의 자존감에 영향을 주는 것들을 외적인 요인에만 두게 되면, 우리는 이것들을 영영 해결할 방법을 찾지 못하게 된다. 외부적인 제도는 지금 당장 변화하기 어렵기 때문이다. 그렇다면 지금처럼 계속 아파하고 상처받으며 자존감을 깎아내리며 살아야 한다.

지금 선생님의 자존감은 안전한가?

A라는 선생님은 자신의 작품 활동을 사랑한다. 집에서 작품을 만들기도 하고, 방학 중에도 학교에 혼자 나와 그림을 그리기도 한다. 하지만 A 선생님은 수업 시간의 아이들도, 자신의 학급의 아이들도 버겁기만 하다. 아이들이 장난치는 것도 거슬리고, 떠드는 것도 용납이 안 된다. 싸움이 벌어지면 학생들을 교무실로 데려와 호되게 호통을 치다가 그 아이들과 대립관계가 되기도 한다. 수긍하지 않은 듯 보이거나, 반항의 눈빛을 보이면 목소리가 더 커진다. 하지만 그렇게 아이들에게 소리치고 있어도, 결국 A 선생님의 자존감은 상처받게 된다. 그와 같은 상처로부터 보호하기 위해 자신만의 방어막을 만들다 보니, 어느새 학생들의 이야기를 왜곡해서 받아들인다. 그럼 아이들에게 더욱더 부정적인 언어를 쏟아내게 된다. 끊임없는 학생들과의 마찰은 학부모의 불만으로 이어진다. 그러다 보면 많은 학부모로부터 민원 전화까지 받게 되는 것이다.

B라는 선생님 역시, 자신의 교과를 사랑한다. 잘 가르치고 싶은 마음에 의욕이 넘친다. 그래서 학급 운영과 수업에 대한 다양한 연수를 들으며 배우려고 노력한다. 자신의 수업에 열정을 가지고 노력하는 만큼 아이들이 따라와주기를 바란다.

하지만 자신의 기대만큼 아이들이 수업을 따라오지 못하면 자꾸 화가 난다. 답답하기도 하고 많은 것을 준비한 만큼 더 속상해지는 것이다. 아이들의 속도를 인정하기보다는 자신의 속도에 맞추지 못하는 아이들을 채근하게 된다.

"너희가 이 정도는 해야 고등학교 가서도 따라갈 수 있지."
"이것도 제대로 못 하면 어떻게 하니? 열심히 해야지."
"수업 끝나고 나면 수업 일지까지 마무리하고 가야지. 이것도 안 하고 뭐 했니?"

C라는 선생님은 자신의 교과에 큰 열정을 쏟지 않는다. 아이들에게 많은 애정을 갖지도 않는다. 자신의 역할에 충실할 뿐이다. 해내야 하는 일들에 책임지고, 그 이상의 것은 하지 않는다. 마음이 약하다 보니, 아이들이 만만하게 보기도 한다. 그래서 너무 함부로 하는 게 아닌가 싶을 정도로 아이들이 선생님을 무시하는 모습도 보인다. 하루하루가 비슷한 일과일 뿐, 활기가 넘친다거나 에너지가 있어 보이지 않는다. C 선생님에게 학교는 최소한의 일을 하고 책임을 져야 하는 무미건조한 일터일 뿐이다.

앞에서 이야기한 A, B, C 선생님들은 교사로서의 자존감이 이미 낮아졌을 수 있다. 학부모의 민원이나 학생들의 돌발적인 행동 하나에 화를 내고 속상해하며, 그로 인해 상처를 받게 된다. 이렇게 우리는 외적인 요인에 의해 영향을 받는다. 자존감이 깎이며 상처받고 작아지기도 한다. 외부의 거대한 교육체제는 우리의 자존감을 지키는 데 어려움을 주고 있는 것만은 확실하다. 하지만 오히려 선생님 자신이 앞의 3가지 경우에 속한다면, 외부의 제도에서 벗어나 조금은 다른 측면에서 바라볼 수 있다.

흔히 교사는 내 교과를 잘 가르치면 된다고 생각한다. 물론 그렇게 생각할 수 있다. 하지만 그럼 앞의 예시처럼 어려운 상황이 생긴다. 내 수업 안에 사적인 모습의 '나'가 없기 때문이다. A 선생님의 경우, 사적인 '나'는 관계를 맺는 것이 두려운 사람이다. B 선생님의 경우, 사적인 '나'는 내 교과와 나를 동일시한다. 그래서 학생들에게 교과만을 강요하게 된다. C 선생님의 경우 사적인 '나'는 교과와 나를 분리시킨다. 그래서 자신의 수업에서 교과 내용만 무미건조하게 읊어댄다. 이 3가지 수업 안에는 사적인 '나'는 없고 내 교과와 아이들만 남아 있다.

수업은 만남으로 봐야 한다. 사람과 사람의 만남인 것이다. 그 안에서 교과는 나와 너를 연결해주는 하나의 매개가 된다. 나와 아이들, 옆 선생님과 아이들, 또 그 옆 선생님과 아이들. 그 속에서의 매개가 과학, 수학, 국어와 같은 각자의 교과가 되는 것이다.

수업이 만남이 되면, 학교의 모든 상황 속에서 '나'는 관계 속에 놓이게 된다. 이것은 교직이 갖는 특수성이다. 예를 들어, 의

사는 치료를 잘하면 된다. 변호사는 변호를 잘하면 된다. 회사원
들도 자신의 업무를 잘하면 된다. 의사나 변호사, 회사원들은 자
신의 업무에 사적인 '나'를 엮어 넣지 않아도 된다. 공적인 일에
사적인 '나' 자신을 엮을 필요가 없는 것이다.

하지만 나와 아이들의 만남으로 정의된 수업이 우리의 업무
라면, 우리는 공적인 업무임에도 사적인 '나'를 엮어야만 한다.
왜냐하면 만남의 시작은 관계이기 때문이다. 결국, 수업이라는
관계 안에서 내 교과를 매개로 '나'와 '너'를 엮어내는 작업이
필요하다. 그렇게 학생과 나 사이의 '우리'라는 유대감을 만들
어내야 하는 것이다. 이것이 교직이 어렵고도 특수한 부분이다.
사적인 '나'를 공적인 수업에 얼마나 건강하게 발현시키느냐에
따라 관계의 깊이가 달라지기 때문이다.

수업에서 교과가 중심이 아닌 관계가 우선되어야 하는 이유
는, 옛 기억을 떠올려보면 쉽게 알 수 있다. 학창 시절에 옛 스
승을 생각해보면 그들에게 배운 낱개의 지식은 잘 떠오르지 않
는다. 반면 그 선생님이 해주셨던 인상 깊었던 말씀, 이미지, 웃
음, 열정, 독특한 표정은 기억날 것이다. 당시에 배웠던 교과 내
용보다 그때의 선생님과 나 사이의 관계에 의한 단편적인 기억
들만 남기 때문이다.

물론 그렇다고 모든 교과 수업 자체가 중요하지 않다는 것은

나는 선생님이
행복 했 으 면
좋 겠 습 니 다

아니다. 하지만 수업 중 예기치 않은 상황이 생겼을 때 교과가 중심이 되면, 그 아이로 인해 내 수업이 방해를 받았다고 생각한다. 그러면 더 크게 화를 낼 수 있다. 하지만 나와 아이들의 관계라는 시선으로 수업을 바라보면, 내 앞의 대상인 인간에 대한 이해를 통해 감정보다는 이성적으로 해결할 수 있게 된다. 그러한 유연한 마음을 통해 나와 너의 관계에서 더욱 끈끈한 유대감을 만들어갈 수 있다. 그렇게 되면 관계에서 불거졌던 여러 가지 문제들을 많은 부분에서 해결할 수 있다. 아이들과의 관계가 좋아지면 학부모들도 나를 우호적으로 바라보게 된다. 학부모의 민원도 줄일 수 있세 되는 것이다.

학생들과의 유대감은 교사로서의 삶에 만족감을 준다. 그러한 만족감은 외부적인 제도에서 오는 여러 가지 문제들에 대해 탄력적으로 대응할 수 있는 힘을 만들어준다. 우리를 둘러싼 외부의 체제를 지금 당장 변화시키기는 어렵다. 하지만 우리의 내적 요인에 기인하는 수업을 바라보는 시선은 지금 당장이라도 바꿀 수 있다. 수업은 결국 관계다. 그 안에서 만들어진 나와 아이들과의 깊은 유대감만이 현재의 거대한 우리의 교육체제 속에서 조금 덜 아프고 조금 덜 상처받을 수 있게 우리의 자존감을 안전하게 지켜줄 수 있다.

02　선생님 의도대로
　　　되지 않습니다

'대체 나에게 무슨 일이 일어난 걸까?'
'이제 어떻게 해야 할까?'

모든 것을 부정하고 싶었다. 나에게 일어난 일이라는 것을 믿기 어려웠다. 그때 내가 할 수 있는 건 입을 굳게 다무는 것이었다. 조·종례 시간과 수업에 필요한 이야기 외에는 아무 말도 하지 않으려고 노력했다. 말하는 것이 무섭고 겁이 났다. 그래서 오랜 시간 동안 나는 말을 할 수 없었다.

육아 휴직 후 복직한 해였다. 오랜 쉼 때문이었는지 나는 의욕적으로 학교생활을 했다. 아이들이 예뻐 보이고, 친구 같은 좋은 선생님이 되고 싶었다. 햇살이 가득했던 3월의 설렘이 지나가고 4월쯤 되었을 때, 무리 지어 다니던 4명의 아이들 중 3명만 교무실로 왔다. 교무실 문 앞에서 아이들에게 심부름할 것을 말해주면서 교내 대회에 대한 이야기를 잠깐 해주었다.

"얘들아, 이번에 교내 ○○○대회에서 상을 주니까, 상장을 받을 수 있도록 너희도 열심히 해보렴."

이 말을 마칠 때쯤 세 친구들과 함께 어울려 지내던 A라는 학생이 뒤늦게 다가왔다. 그리고 친구들에게 물었다.

"뭐가?"

그러자 나머지 세 친구들이 답했다.

"넌 몰라도 돼. 어차피 넌 상장도 많잖아."

그리고 나서 3명의 아이들이 우르르 교실로 뛰어 올라갔다. 뒤늦게 왔던 A도 아이들의 뒤를 따라 올라갔다. 그날 나는 뒤늦게 온 A에게도 3명의 친구들에게 해주었던 말을 똑같이 해주었어야 함을 훗날 뼈저리게 느끼게 되었다. 그날 4명의 친구들 사이에 어떤 이야기가 오갔는지 잘 모르겠다. 다만 일주일 뒤, A의 학부모님이 교무실로 나를 찾아오셨다. 그리고 보자마자 "선생님 때문에 우리 아이가 왕따가 되었다. 선생님이 그렇게 만들었다"라고 크게 소리치셨다.

난 고개를 들지 못했다. 대꾸 한마디 하지 못했다. '무슨 말이지? 어떻게 된 거지…' 상황을 받아들이기가 어려웠다. 머릿속이 멍해졌다. 어쨌든 어느새 난 죄인이 되어 있었다. 3명의 친구들에게 "상을 받을 수 있도록 열심히 해봐"라는 말 한마디 때문이었다. 하지만 그 정도의 말은 교사로서 누구나 할 수 있는 말이다. 그런데 내가 왕따를 만들다니, 그건 결코 내가 의도한 것이 아니었다. 나의 의도와는 전혀 상관없는 일이었다.

그다음 날, 내가 미처 파악하지 못한 것이 있다는 것을 알았다. 그 전해에 계셨던 선생님께서 A 학생은 작년에 전학을 온 아이였고, 그전 학교에서 학교폭력 피해를 입고 우리 학교로 왔다고 이야기해주셨다. 그 사실을 난 알지 못했다. 그날 이후부터 다음 해 3학년으로 올려보내는 날까지 나는 A 학부모의 전화 폭언을 퇴근 후와 주말에도 수시로 들어야 했다. 협박으로, 때로는 증오의 내용으로 갑작스럽게 전화가 왔고, 그렇게 1년여의 세월 동안 난 모든 것을 감내했다. 내 탓이라고 생각했기 때문이다. 아니, 누구 탓이든 아이가 상처를 받았다면 그건 교사로서 내 책임이라 생각했다.

하지만 문제는 그날 이후 학급의 아이들에게 말을 할 수가 없게 되었다는 것이다. 내가 한 말을 아이들이 나의 의도와 다르게 받아들일 수 있다는 사실이 무서웠다. 36명이나 되는 아이들이 제각각 어떻게 받아들일지, 나로서는 도저히 알 수 없었다. 내 말을 다르게 해석해 나의 의도와 전혀 상관없는 상황이 벌어질까 봐 너무나도 두려웠던 것이다. 그래서 나는 자연스레 입을 닫게 되었다.

그날의 상황은 여러 선생님 앞에서도 너무나 창피한 일이었다. 그날 학부모님은 교무실 중앙 탁자에서 고래고래 소리를 지르셨다. 그 시간은 종례를 끝낸 많은 선생님들이 자리에 앉아계신 터였다. 다른 선생님들이 나를 어떻게 볼까 싶은 마음과 '내가 이 정도밖에 안 되는 교사인가?' 싶은 좌절감에 마음의 문도 자연스레 닫혔다.

선생님 의도대로 되지 않을 수 있다. 그런 의노치 않은 상황은 어느 날 누구에게나 생길 수 있는 일이다. 하지만 그때는 그것을 인정하는 것이 너무나 어려웠다. 모든 게 다 내 탓인 것만 같았기에 더욱더 드러내기 힘들었다. 나의 자존심이 허락하지 않았기 때문이다. 하지만 그럼에도 불구하고 우리의 의도와 전혀 다르게 흘러가서 이미 일어난 일이라면, 괴롭지만 인정해야 한다. 그래야만 도움을 청할 수 있기 때문이다. 언제까지고 입을 굳게 닫고, 마음의 문을 닫을 수는 없다. 결국, 난 내 곁에서 항상 힘을 주던 나보다 훨씬 어린 후배 선생님에게 마음을 털어놓았다. 그 선생님은 나에게 편지와 책을 선물해주셨고, 선생님의 따뜻한 위로가 정말 큰 힘이 되었다. 편지글 일부분이다.

생기 가득, 웃음 가득, 기대심과 걱정으로 3월 첫날 오셨던 노지현 선생님의 미소가 점점 2학년 3반 아이들에 대한 걱정과 힘듦으로 잘 볼 수 없어서 안타까웠습니다. 하지만 전 알고 있어요. 선생님의 열정과 사랑의 힘이 너무나 커서 선생님이 다른 선생님들보다 더 힘들고 더 많이 아프시다는 것을요. 그리고 2학년 3반 아이들도 느리지만 그 큰 사랑을 깨닫게 될 거라는 것을요.

어쩌면 우리 교사는 마냥 즐거울 수 없는 사람인 것 같아요. 36~37명의 고된 인생을 돌보고 있는 우리는 그 인생들을 지켜주며 끊임없이 인내하고 가르치며 함께해야 하기 때문에 힘들지 않을 수 없는 사람입니다. 그래도 참 너무 힘이 들어요.

그렇지만 그 힘듦 속에서 사랑과 관심이 식지 않고 또다시 아이들을 지독히 사랑하는 선생님을 보면서 아이들에 대한 제 사랑이 작게 느껴져 더 잘해야겠다고 마음먹은 적이 참 많았습니다. 그렇게 노지현 선생님은 늘 저를 반성하게 해주시고, 용기 나게 해주시고, 더 힘 나게 해주시는 그런 분이십니다.

　

교사로서의 자존감이 무너져 내렸던 그 시간 속에서 동료 선생님의 편지 한 장은 나를 일으켜 세우는 힘이 되었다. 편지글을 읽고 선물해주신 책을 보며 얼마나 많은 눈물을 흘렸는지 모르겠다. 36~37명의 고된 인생을 돌봐야 하기에 끊임없이 인내하고 가르치며, 관심과 사랑을 쏟아야 하는 그런 어려운 자리에 서 있는 사람이 바로 우리 교사들이다. 이 어려움 속에서도 내가 다시 일어서야 했던 또 다른 이유는 결국 우리 아이들 때문이었다.

"교사가 가르침을 사랑하면 할수록 그것은 가슴 아픈 작업
이 된다. 가르침의 용기는, 마음이 수용 한도보다 더 수용하도
록 요구당하는 그 순간에도 마음을 열어놓는 용기다."

파커 J. 파머(Parker J. Pamer)가 《가르칠 수 있는 용기》에서
말한 것처럼, 어쩌면 내가 수용할 수 있는 한도보다 더 수용하
도록 요구당한 순간이었는지도 모른다. 그런 가슴 아픈 순간임
에도 우리는 용기가 필요하다. 지금 우리에게 절실하게 필요한
것은 마음을 열어놓을 수 있는 용기다.

03 선생님,
힘들 땐 울어도 괜찮아요

학기 초, 어떤 학급을 담당하느냐 하는 것은 1년 동안 교사의 삶을 결정짓는 절체절명의 순간이 된다. 특히 1학년 담임은 아이들에 대한 정보가 많지 않아 자신의 학급에 어떤 아이가 있는지 알 수 없다.

입학식 날, 우리 반 의자 하나가 비어 있었다. 아직 한 친구가 교실에 들어오지 않은 것이다. 복도에 나가 보니 A 남학생 1명이 어디로 가야 하는지 몰라 돌아다니고 있었다. 처음 본 순간, 직감적으로 느낌이 왔다. 평범하지 않아 보였던 것이다. 반항적이라거나, 눈빛이 매섭다거나 하는 그런 성향의 친구는 아니었다. 아이는 선생님과 눈을 마주치지 않았고 말을 귀담아듣지 않았다. 여기저기 피하듯이 복도를 왔다 갔다 하며 자기 할 말만 했다. 그러다가 그 친구가 옆 반 교실로 들어갔다. 3월의 첫날,

그 첫 시간, 나는 안도의 한숨을 쉬었다.

'우리 반은 아니구나.'

이기적으로 보일 수 있지만, 이 마음이 솔직한 내 심정이었다. 내 예상대로 옆 반 선생님은 1년 동안 많은 힘든 일을 겪어야 했다. 그 아이는 독특한 자기만의 행동을 했기 때문이다. 아이의 그런 행동을 다른 친구들은 받아들이기 힘들어하고 싫어했다. 자리는 매우 어지럽혀져 있었고, 여러 가지 이유로 아이들은 그 학생과 짝꿍을 하고 싶어 하지 않았다. 수업 시간에 가만히 앉아 있지 못하고 불쑥불쑥 밖으로 니기기에, 수업 교과 선생님들도 신경을 많이 써야 했다.

그런 그 반에 또 1명의 친구가 있었다. B 친구는 학교 안과 밖에서 많은 문제를 일으키며 우리가 흔히 '일진'이라고 말하는 선배들과 어울렸다. 선배들에게 맞으면서도 자신도 폭력을 행사했기에 피해자이자 가해자인 셈이었다. 그 친구는 가출을 자주 했기에 돈이 필요해 같은 학년 친구들에게 돈을 빌리고는 갚지 않거나 동네 초등학교 동생들의 돈을 뺏기도 했다. 그 외에도 여러 가지 사건들로 인해 경찰서에서 자주 연락이 왔다.

선생님을 옆에서 지켜보는 내내 '얼마나 힘드실까' 하는 생각만 들었다. 그런데도 그 선생님은 꿋꿋하고 의연하셨다. 아이들 때문에 자신이 얼마나 힘든 상황인지 표현하지 않으셨다. 나는 선생님의 그런 부분이 참 존경스러웠다.

하지만 어찌 힘들지 않을 수 있을까! 그럼에도 불구하고 그 모든 어려움은 담임 혼자 감내해야만 한다. 누가 대신해줄 수 없다. 이 부분이 교직의 어려움이다. 이렇듯 교사는 외로운 직업이다. 학급에 문제가 생겼을 때, 내가 담당하는 아이들에게 문제가 있을 때, 오롯이 모든 것은 담임의 몫이고 책임이 되어버린다. 그 몫과 책임에 따르는 고통과 인내를 감수해야만 한다.

나도 교과를 들어가기에, 학교에 B 학생이 온 날은 이야기를 많이 나누며 변화하기를 바랐다. 하지만 아이들은 담임에 비해 교과 선생님의 영향을 크게 받지 않는다. 말 그대로 담임이 부모와 같다면, 교과 선생님은 옆집 부모나 마찬가지인 것이다.

아무리 내가 옆 반 선생님을 돕고 싶어도 아이들에게 나는 담임만큼의 영향력이 없기에 한계가 있었다. 담임 혼자 수업을 진행하고, 업무를 처리하며, 30여 명의 학생들을 보살피고, 내면이 복잡한 몇 명의 아이들까지 떠안아야 한다는 것은 너무나 힘이 드는 일이다. 한 해의 학급 구성원이 중요해지는 이유다.

그래도 난 조금이라도 선생님을 돕고 싶었다. 그해 공식적인 시간과 점수가 인정되지 않는 모임임에도, 자발적으로 참여하실 선생님들을 모았다. 그렇게 약 열 분 정도의 선생님들과 모임을 진행했다. 우리가 함께 이야기를 나눈 책은 《가르칠 수 있는 용기》였다. 그 모임의 마지막 시간에 난 몇 가지 학급 운영에 필요한 것들을 말씀드렸다. 앞에서 나온 '깨진 유리창 법칙'과 '부모님 카드' 활용하기에 대한 것이었다.

하지만 B 학생은 부모와의 관계가 좋지 않았기 때문에 부모님 카드를 사용할 수 없었다. 이런 경우의 아이들을 변화시키는 것이 가장 힘들다. 학생들을 지도할 때 그나마 긍정의 힘이 영향을 미칠 수 있는 것은, 그 학생이 부모와의 관계가 어느 정도 좋게 형성되어 있을 때다. 그러나 부모와의 관계가 좋지 않은 경우는 문제 해결이 너무나 어렵다.

지금 우리 교육 현실로서는 답이 없다고 생각한다. 이런 학생의 경우에는 내면의 문제가 아주 복잡하기 때문이다. 부모까지 포기한 학생이지 않은가! 부모마저도 포기했다는 것을 아이 스스로가 알고 있다는 것이 더 큰 문제였다. 엇나갔던 아이들이 다시 돌아올 수 있는 것은, 부모의 믿음을 알게 될 때 그나마 가능하다. 하지만 이 아이에게는 자신을 믿는 부모가 없었다. 기댈 곳이 아무 데도 없는 것이다.

물론 그럼에도 우리는 이 아이에게 최선을 다해야 한다. 모든 대화를 내 입장이 아닌, 그 아이의 입장에서 생각하며 말할 수 있어야 한다. 그것도 이성이 아닌 감정을 터치하는 따뜻한 긍정의 말로, 아이의 내면에 닿기 위한 노력을 해야 한다. 문제를 일으키기 시작한 초입이더라도 학생과 교사와의 관계를 좋게 만들어야 한다. 그렇게 일탈이 시작되는 시점을 최대한 늦춰야 한다.

하지만 그러기엔 너무나 많은 시간과 에너지가 들어간다. 거의 다른 모든 것들을 희생하고, 그 아이에게만 매달려야 하는 것이다. 교사의 시간과 에너지를 한 학생에게 올인한다 하더라도, 아이는 변할까 말까가 되어버린다. 하지만 그 아이 외의 나머지 서른 명의 학생들도 교사에게는 소중하다. 더군다나 이 학생 외에 다른 친구까지 동시에 문제를 일으키고 있다면, 사실상 그것은 담임의 능력이나 역량의 문제가 아니다. 한 명, 한 명의 아이들을 흡수할 수 없는 학교 구조의 문제이며, 사회적인 문제다. 학교 시스템에 변화가 있지 않으면 해결되기 어려운 상황이다. 그런 친구들에게 도움을 줄 수 있는 기관과 학교 간의 유연한 시스템적 도구가 필요한 것이다.

어쨌든 모임의 마지막 시간에 선생님은 눈물을 흘리셨다. 이제껏 의연하고 꿋꿋하던 선생님이셨는데, 그런 선생님이 울고 계셨다.
"선생님, 힘들 땐 울어도 괜찮아요. 그동안 정말 고생 많으셨어요."

무엇이 선생님의 마음을 움직였는지 모르겠다. 하지만 다음 해

2월 전근 가시는 날, 선생님은 나에게 편지 한 통을 주고 가셨다.

> "선생님을 뵈며 정말 많은 배움을 알게 되었고, 교사로서의 걸음을 다시 한번 되돌아보는 그런 소중한 시간들이었습니다. 매해 담임을 맡으면서도 항상 일상에 치이고, 아이들에 치이면서 정작 교사로서의 나 자신이 어떤 자리에 있는 사람인지 내면을 돌아볼 새 없이 지냈는데 작년, 선생님의 연수 '가르칠 수 있는 용기' 덕분에 정말 많은 것들을 생각하고 또 깨닫게 되었답니다. 〈중략〉
> 고마워요. 제 마음에 그런 배움의 열정을 불러일으켜 주신 것을요. 더 많이 성찰하고 더 많이 성장하는 교사가 되어 훗날 서로가 더욱 단단한 사람이 되어 함께 만나 지난 시간에 대해 이야기 나눌 수 있었으면 좋겠어요."

아마도 《가르칠 수 있는 용기》를 읽으며 함께 나누었던 시간이 그 선생님에게 교사로서의 자신의 모습을 돌아볼 수 있는 계기가 되었던 것 같다. 그리고 타인으로부터 인정과 위로를 받는 시간이 되었던 것인지도 모른다. 우리가 각자의 수업과 학급 운영, 업무가 바빠 그와 같은 자리를 만들지 않았다면, 그와 같은 시간을 갖지 않았다면, 이 어렵고 힘든 일을 해나가기 어려웠을 것이다.

그 시간과 자리는 '선생님 힘내세요', '힘들 땐 울어도 괜찮아요', '그렇게 비워내야 다시 채울 수 있을 테니까요'라는 내 마음의 표현이었다. 학교 현실은 서로가 시간이 부족하고 너무나 힘들고 어려운 상황이다. 하지만 그렇기에 지금 우리에게 절실하게 필요한 것은 타인의 인정과 위로와 격려인지도 모르겠다.

우리는 학교라는 물리적 공간 안에서 서로의 마음의 공간을 만들어낼 수 있어야 한다. 마음의 공간에서 타인의 위로와 격려를 통해 정신없이 흘러가는 교사로서의 삶 속에서 자신을 돌아볼 수 있게 된다. 그리고 자신의 내면을 들여다볼 수 있는 시간이 되기도 한다. 학교라는 물리적 공간 안에서 모든 선생님들이 마음의 공간을 만들어낼 수 있으면 좋겠다.

이 땅의 모든 선생님들을 응원한다.

'선생님, 힘들 땐 울어도 괜찮아요.'

04 그대로의 나를
더 사랑하기

목소리가 떨리기 시작했다. 어느새 눈물이 났다. 그리고 이내 딸아이 앞에서 울기 시작했다.

"엄마 울어?"
"……."

아이의 말에 대답을 하지 못했다. 왈칵 쏟아지는 눈물을 참으려고 입술을 꽉 다물었다. 잠들기 전, 누워서 아이와 대화를 나누다가 눈물이 터져버렸다. 억지로 눈물을 참으니 가슴이 답답했다. 주먹으로 가슴을 몇 번 쿵쿵 쳤다. 하지만 결국 참지 못하고 딸아이 앞에서 엉엉 울기 시작했다. 엄마를 잃은 아이처럼 참 슬프게도 울어댔다. 그때 내 마음은 나에게 이런 말을 하고 있었다.

'그랬구나, 지현아, 그래서 네가 힘들었구나.'
'그동안 네가 많은 노력을 했구나.'
'그래서 이만큼 해낸 거구나.'
'정말 애썼다.'

바람이 세찼던 어느 날 밤, 그렇게 나는 진정으로 나 자신을 위로하고 있었다.

나는 자존감이 높은 편이 아니었다. 항상 나를 남과 비교했다. 그리고 칭찬받고 싶었다. 인정받고 싶은 욕심도 컸다. 나의 시선은 언제나 남들에게 향해 있었기에, 나보다도 남들이 원하고 좋아하는 것을 했다.

교사가 되고 난 후, 수업을 잘하고 싶은 욕심도 들었다. 하지만 그 길은 정답도 없고 끝도 없어 보였다. 내 나름대로 수업을 잘한다고 생각했고, 아이들도 내 수업을 좋아해주었다. 하지만 그것을 다른 선생님들 앞에 내세울 수는 없었다. 왜냐하면 나의 수업 방법은 다른 선생님들이 적용할 수 있는 일반적인 방법이 아니었기 때문이다. 그래서 연수하러 오는 강사 선생님들이 부러웠다. 그들은 뭔가 나름대로 자신만의 무기를 가진, 인정받은 유능한 교사라는 생각이 들었다. 나도 다른 선생님들에게 인정받는 유능한 교사가 되고 싶었다. 그래서였을까 연수가 끝나고 나면 씁쓸한 기분이 자주 들곤 했다.

'이 선생님은 이런 것도 잘하는데, 왜 난….'
'나는 왜 저 자리에 서지 못하지.'

그런 욕심 때문에 난 나를 항상 채찍질했다. 남과의 비교로 인해 자책하게 될 때도 많았다. 그럴 때면 나의 능력에 대한 스스로의 비난으로 부정적인 감정이 들면서 기분이 다운되기도 했다. 잘하고 싶은 게 너무나 많은데 난 항상 부족하다는 생각이 들었기 때문이다. 나에게는 아무것도 없는 것만 같았다. 누가 나에게 뭐라 한 건 아니었다. 남이 나를 다른 사람과 비교한 것도 아니었다. 그럼에도 불구하고 나는 언제나 나를 님과 비교했다.

윤홍균 작가의 《자존감 수업》의 일부분이다.

"자신을 사랑하지 않는 사람은 이런 이유로 알게 모르게 짜증이 나 있다. 무기력한 내가 싫고, 키가 작은 내가 싫고, 성격이 모난 나에게 화가 난다. 그럴 때마다 서슴지 않고 자신을 비난하고 남들과 비교한다. 생각해보라. 누군가 내 등에 업혀서 하루 종일 나를 비난하고 남들과 비교하면 어떻겠는가? 어떤 장치가 귀에 꽂혀 속삭이듯 '너는 못났어. 너는 남들보다 무능해'라고 세뇌한다면 어떻게 될까?"

남이 뭐라 하면 피하기라도 할 텐데, 마치 누군가 내 등에 업

힌 것처럼 자기 자신이 그렇게 한다면 도망칠 수도 없는 노릇이다. 엎친 데 덮친 격으로 체력적으로 힘에 부치기 시작하자 위로받고 싶은 마음이 커지기 시작했다. 내가 이렇게 애쓰며 열심히 사는데, '수고했어', '고마워' 같은 표현 한마디 없는 것에, 나의 노력을 알아주지 않는 것 같아 서운한 마음이 들기 시작했다. 그렇게 가족들의 위로까지 받고 싶어졌다. 에너지가 바닥일 때는 특히 더 그런 마음이 심해졌다.

그날도 여느 때와 다르지 않은 밤이었다. 딸과 이런 이야기를 나누었다.

"아, 그 친구가 많이 부러웠구나!"

그러다가 아이에게 내 이야기를 들려주게 되었다. 엄마는 잘 가르치는 선생님이 부러워서 엄마도 잘 가르치고 싶었지만, 그럴수록 부족하다고 느꼈기에 더 노력을 하게 되었다고 이야기를 시작했다. 그렇게 어느덧 시간이 지나니 아이들이 엄마 수업을 좋아해주었고, 처음보다 나아졌다고 말해주었다. 그러던 어느 날, 마음을 울릴 정도로 말씀을 잘하시는 선생님을 만나서 또 부러워졌고, '난 왜 저 선생님처럼 말하지 못할까?'라는 생각을 했고, 노력을 기울이다 보니 어느덧 엄마도 울림을 줄 수 있는 선생님이 되어 있었다고 말해주었다.

나는 선생님이
행복했으면
좋겠습니다

이야기를 하다 보니, 내가 생각보다 많은 것을 이루었다는 것을 알게 되었다. 이런 노력을 기울이느라 그동안 그리도 많이 힘들었구나 싶은 생각도 들었다. 가치 융합 과학 수업을 탄생시키고 새롭게 시도했음에도, 이제껏 내가 한 것은 아무것도 없다고 생각했다. 어차피 남들에게 내세우지 못한다면, 그것은 그저 별 볼 일 없는 것이라 생각했기 때문이다. 하지만 나는 그 과정에서 분명 처음보다 많은 부분에서 성장해 있었다. 그리고 나를 채찍질했던 남들과의 비교도 꼭 나쁜 것만은 아니었다. 왜냐하면, 그것은 지금 현재의 내 모습을 만들기까지 노력해나갈 수 있었던 원동력이 되었기 때문이다.

우리는 혼자 살아갈 수 없다. 그래서 나의 모습을 확인하기 위해 끊임없이 다른 이를 바라본다. 타인을 통해 '나는 어떤 사람인지'를 규정하는 것이다. 비교는 우리가 세상에 태어난 이상 필연적으로 놓이게 되는 상황이다. 그리고 타인의 모습을 통해 나를 더 성장시키게 되는 부분도 분명 있다. 문제는 언제나 앞만 보고 달렸다는 것이다. 항상 나의 시선은 앞에 있었다. 그 시선에서 누군가를 보며 나를 비교했다. 그렇게 앞으로 달려가다가 또 다른 누군가를 보면 다시 나를 비교했다.

한 번쯤은 뒤를 돌아봐야 했다. 그렇게 내가 지나온 길을 보면서, 여기까지 온 나를 인정하고 격려해야 했던 것이다. 그 과정에서 힘들었을 노력과 상처를 보듬으며 진심 어린 마음으로

나 스스로를 위로할 수 있어야 했다. 항상 내가 가진 것보다 남의 것이 더 커 보이기에 나의 것은 잘 보이지 않는다. 하지만 눈에 보이지 않을 정도로 작은 것일지라도 나의 것을 인정하고 소중하게 여길 수 있어야 했다.

그날 밤, 딸아이에게 들려주었던 내 이야기 속에서 교사가 된 후 처음으로 나는 나의 뒤를 돌아봤다. 정말 눈물을 펑펑 쏟으며 나 자신을 진심 어린 마음으로 위로했다. 그동안 내가 해왔던 노력과 열심히 살려고 발버둥 쳤던 그 과정을 나 스스로 인정하며 위로했던 것이다.

그날 이후 거짓말처럼 난 더욱 단단해졌다. 그동안은 타인의 인정과 위로만이 중요했다. 하지만 이제 크게 개의치 않는다. 물론 칭찬을 받거나 인정받으면 기분은 좋지만, 예전처럼 갈망하지는 않는다. 그날 이후 나의 상황이나 조건들이 크게 바뀌지 않았음에도 서운해지지 않았다. 절대 분리될 수 없는 '나'라는 든든한 지원군이 생겼기 때문이다.

나 자신에 대한 스스로의 인정과 위로는 그대로의 나를 더 사랑하게 해주었다. 한 번쯤은 나의 뒤를 돌아봐야 한다. 설사 몇 발자국 내딛지 못했다 하더라도 한 발, 한 발 내딛는 나를 격려할 수 있을 때, 조금 덜 지치며 앞으로 나아갈 수 있게 되는 것이다. 지금 우리에게 절실하게 필요한 것은 나 스스로에 대한 자신의 진정한 위로와 인정이다.

나는 선생님이
행복 했 으 면
좋 겠 습 니 다

05   선생님,
너무 잘하려고 하지 마세요

난 해마다 발령받아 오는 신규 선생님들이 참 좋다. 그리고 관심이 많이 간다. 첫 번째 이유는 그들의 초심과 열정이 좋아서고, 두 번째 이유는 나의 오지랖 때문이다. 그냥 왠지 이것저것 도와드리고 싶은 마음이 든다.

하지만 뭔가를 도와드리고 싶어도 요즘 신규 선생님들은 어리바리했던 나와는 달리, 정말 야무지고 당차게 모든 것을 잘한다. 담임은 챙겨야 할 것들이 많은데 안내된 것 중 놓치는 것이 있으면, 오히려 내가 신규 선생님께 물어볼 정도였다. 어쩌면 그리도 잘하는지 정말 놀라울 따름이었다. 첫해이니, 아이들에 대한 관심도 오죽하시랴. 교실도 아기자기하게 예쁘게 꾸며놓는다. 그렇게 3월, 4월, 시간이 지나 어느덧 2학기에 접어든 시점이었다.

어느 날, 신규 선생님이 너무나 풀이 죽어 보였다. 이유를 물어보니 구성원이 참 좋은 반인데, 유독 한 여학생이 선생님의 말을 듣지 않는다는 것이다. 그 여학생에게 여러 번 이야기해도 변하지 않아, 자신의 한계가 느껴진다고 한다. 이제는 학생의 눈빛도 달라지고, 자꾸 피하고 도망가서 어떻게 해야 할지 모르겠다는 거다. 그러다 보니 그 아이가 미워지기까지 한다는 것이다.

《가르칠 수 있는 용기》에는 이런 말이 있다.

"어떤 순간에는 교실이 너무나 생기 없고 고통스럽고 혼란스러운 공간이 되어버린다. 그리하여 나는 무기력하게도 아무런 대응도 할 수 없고 교사라는 나의 자부심은 속 들여다보이는 거짓이 되어버리고 만다. 그런 때에는 도처에서 적들이 나타난다. 화성에서 온 것 같은 학생들, 생판 처음 들어보는 것과 같은 학과 내용, 교직으로 생계를 꾸려가야 하는 나의 개인적인 생활에 대한 측은한 마음 등등이 모두 적이 된다."

"사실 이런 교사들이 어려운 날을 맞게 되는 것은 교직을 너무 사랑한 나머지 그 때문에 고통을 당하기 때문이다."

교사로 살아간다는 것은 참으로 힘들다. 어느 날은 아이들의 메마른 눈빛이 나를 숨 막히게 한다. 어느 날의 차가운 눈빛

나는 선생님이
행복했으면
좋겠습니다

은 나에게 등을 돌릴 것만 같은 냉소를 주기도 한다. 그럴 때면 아무런 대응도 할 수 없는 무기력한 순간들도 생겨난다. 더욱이 교사로서 최선을 다한다고 생각했는데, 아이들이 나의 관심과 사랑으로도 변하지 않을 때 배신감을 느끼게 된다. 그러한 배신감은 교직을 너무나 사랑한 나머지 겪게 되는 고통이다. 그아이가 미워진다는 신규 선생님에게도 그 순간이 찾아온 것이다. 대부분 열정과 사랑이 넘치는 선생님들이 꼭 한 번은 거치는 통과의례다.

> 내가 그의 이름을 불러주기 전에는
> 그는 다만
> 하나의 몸짓에 지나지 않았다
>
> 내가 그의 이름을 불러주었을 때
> 그는 나에게로 와서
> 꽃이 되었다.

나는 3월 첫 시간에 반 아이들에게 김춘수의 '꽃'이라는 시를 읽어주고, 각자 1명씩 아이들의 이름을 불러준다. 그렇게 아이들의 이름을 불러주는 순간, 그들은 나에게 의미가 된다. 그아이들을 진짜 꽃으로 보기 위한 노력을 하는 것이다. 30송이가 넘는 꽃들인지라 지금 당장 내 앞에서 피는 꽃도 있고, 몇 개월 후에 피는 꽃도 있고, 1년 동안 피지 않는 꽃도 있다. 하지만 아이들이 꽃이라면 지금 당장 내 눈앞에서 피지 않더라도 언젠가는 꽃 피게 될 것을 믿는다.

사실상 꽃은 스스로 피어나기 위한 노력을 하지 않으면 피어날 수 없다. 우리가 꽃잎을 손으로 당겨 억지로 피게 할 수는 없다. 스스로 받아들이고 피어나려는 준비를 할 때 피어날 수 있기 때문이다.

아이들은 교사의 말 몇 마디에 변하지 않는다. 초등 저학년은 가능할 수 있겠지만, 이미 고학년 학생들은 어렵다. 그래서 누군가는 '사람은 쉽게 변하지 않는다'라고 말한다. 물론 맞는 말일 수 있다. 변화는 타인에 의해 억지로 만들어지기 어렵기 때문이다. '아이들이 쉽게 변하지 않는다면, 교육과 교사의 역할은 필요 없는 것이 아닌가…' 싶은 생각도 든다.

하지만 교사의 역할은 꼭 필요하다. 다만 접근 방식을 달리해야 한다. 꽃을 억지로 열기보다 스스로 피울 수 있도록, 물을 주고 빛을 충분히 받을 수 있도록 해주어야 한다. 아이 스스로 변화할 수 있도록 돕는 역할이 필요한 것이다. 진정한 변화는 스스로의 깨달음에서 오기 때문이다.

아이의 행동을 직접 혼내고 나무라기보다 선생님의 말씀을 통해 그 상황을 스스로 생각해보고 깨달을 수 있게 해주어야 한다. 그래야 조금이라도 변화할 수 있다. 선생님은 아이가 깨우칠 수 있도록 말을 건네고, 믿고 지켜보며 인내의 시간을 가져야 하는 것이다. 쉽지 않은 과정이지만, 아이의 진정한 변화를 바란다면 교사의 감정을 앞세우지 않아야 한다. 대신 선생님의 가르침을 통해 아이의 시야를 넓혀주려는 노력을 기울여야 한다.

다만 이러한 과정을 어렵게 만드는 것이 있다. 그것은 교사의 급한 마음이다. 여러 명을 돌봐야 하는 교사 입장에서 한 아이에게 오랜 시간을 들이기란 굉장히 어렵다. 그리고 또 다른 이유는 교직에 대한 열정이 클 때, 교사의 마음이 급해지기 때문이다. 내가 아이를 위하는 마음이 큰 만큼 빨리 바뀌었으면 하는 욕심이 생긴다. 그 욕심은 나의 손으로 꽃잎을 억지로 피고 싶어지게 만들기까지 한다. 아이를 위하는 마음이 너무 커서, 또는 바로잡아주는 것이 교사의 역할이라고 생각해서 그 역할을 충실히 잘해내고 싶은 것이다.

이미 아이에게 미운 감정이 들기 시작했다면, 나도 모르게 '내가 이렇게까지 했는데, 어떻게 나한테 그럴 수 있어?', '분명 지난번 약속해놓고 또 그러다니…'와 같은 마음이 드는 것일 수 있다. 어느덧 나는 나의 감정을 위해, 교사의 역할을 위해 더 맹목적으로 되었을 수도 있다. 그 상황이 정말 아이의 변화를 위한 것인지, 교사의 역할을 충실히 하고 싶었던 나를 위한 것인지 객관적으로 바라볼 수 있어야 한다.

"선생님, 교사로서의 역할을 너무 잘하려고 하지 마세요. 지금 당장 내 눈앞에서 꽃 피지 않을 수 있어요. 다만 언젠가 스스로 꽃피울 수 있을 거라 믿고, 우리의 그 믿음을 아이에게 전할 수 있어야 해요."

이런저런 이야기들을 깊이 있게 나누고, 맨 마지막에 신규 선생님께 드린 말이다. 사실상 신규 선생님뿐만 아니라, 우리 모두는 교사의 역할을 너무나 잘하고 싶을 때, 마음이 급해진다. 교직에 대한 열정이 넘쳐날 때, 오히려 관계를 더 어렵게 만들기도 하는 것이다. 아이들이 왠지 보기 싫어지고 미워지기까지 하다면, 선생님의 열정 에너지를 좀 내려놔도 좋다. 그리고 열정 에너지가 진정 누구를 위한 것인지도 살펴봐야 한다. 아이를 위한 것이라면 아이 스스로 깨닫고, 성장할 수 있도록 도울 방법을 더 고민해야 한다.

하지만 가끔 우리는 교사인 '나'가 아니라 교사로서의 역할인 '나'에 충실하려고 한다. 그런 순간이 왔을 때 너무 잘하려고 하지 말고, 우리의 사랑을 조금 천천히 가도록 내버려두는 게 좋다. 그렇게 잠깐 자신만의 브레이크를 걸어야 하는 것이다. 그러다가 아이들이 예뻐 보이기 시작하면, 선생님의 사랑과 열정을 다시 빠르게 올리면 된다. 그래야지만 이 어려운 '가르친다는 것'을, 조금 덜 지치며 계속해서 해나갈 수 있다. 지금 우리에겐 마음의 완급 조절이 필요하다.

나는 선생님이
행복 했 으 면
좋 겠 습 니 다

06 선생님들은
모두 특별한 존재입니다

"너는 특별해."
"아니, 나는 별로 특별하지 않은데."

우리는 스스로가 얼마나 특별한 존재인지 모르고 살아간다. 남들이 특별하다고 말해도 자기 스스로가 특별하지 않다고 여긴다. 예전엔 나도 내가 특별하다고 생각하며 살지 않았다. 다른 이들이 나에 대해 칭찬을 해도, 그것이 나만의 특별함인지 몰랐다. 좋은 이야기를 듣는 순간에도 항상 나의 부족함이 떠올랐기 때문이다.

또한, 나는 사회가 정한 기준에 맞춰서 살았다. 초·중·고 12년의 세월 동안 공부를 하고, 대학을 가고, 임용시험을 봤다. 교사가 되기 위한 일련의 과정을 거치며 정신없이 살았다. 물론 어

릴 적의 교사라는 꿈을 이루긴 했다. 하지만 교사라는 직업 자체
가 꿈이 되어버리면, 스물다섯 살에 교사가 되어 예순두 살에 퇴
임할 때까지 37년 동안 난 꿈 없이 살아야 한다.

그동안은 사회적 기준에 맞춰서 살았다 치고, 교사가 된 이
상 앞으로 추구해야 할 나의 삶의 방향이 필요했다. 그런 생각
을 할 때쯤 나에게 많은 영향을 준 책 한 권이 있다. 애덤 스미
스(Adam Smith)의 《도덕감정론》의 원저를 러셀 로버츠(Russell
Roberts)가 해석해서 쓴 《내 안에서 나를 만드는 것들》이라는
책이다.

'왜, 우리는 유명인에게 열광하는가'의 질문에 대해, 애덤 스
미스는 인생의 만족에 이르는 길을 안내해준다.

"돈과 명예 말고도 우리가 사랑을 받을 수 있는 다른 방법이
존재한다. 재산이나 명예, 권력을 통해 세인의 관심을 추구하
는 대신, 지혜롭고 선한 삶을 추구하는 것이다. 부자, 유명인,
권세가가 되어 타인에게 사랑받는 방법 외에 현명하고 도덕적
인 사람이 되어도 타인에게 충분히 사랑받을 수 있다."

"사랑받는 사람이 되기 위한 더 훌륭한 방법으로, 스미스는
미덕을 갖춘 삶을 권했다. 미덕, 이 애매한 단어의 정확한 의미
는 무엇일까? 스미스가 생각하는 미덕은 여러 가지 의미가 있
다. 그중 가장 강조한 3가지가 있으니, 바로 신중, 정의, 선행

나는 선생님이
행복했으면
좋겠습니다

이다. 이를 갖춘 인간은 사랑스러운 존재가 되어 주위 사람들에게 존경과 칭찬을 받게 된다. 즉, 이 3가지는 사랑받는 사람이 되기 위한 자격요건인 셈이다."

스미스에 따르면 '신중'한 사람은 진실하고 정직하다. 남에게 해를 끼치지 않으려고 애쓴다. 신중한 사람은 언제나 진지하고 열심히 연구하며, 자신이 몸담고 있는 분야를 온전히 이해하기 위해 노력한다. 자신의 지식을 매개로 다른 사람을 잘 이해시킨다. 그러한 과정은 그 재능이 훌륭한 것은 아닐지라도 언제나 진실한 것만은 틀림없다고 말한다.

앞으로의 내 인생에서 지혜와 미덕을 추구하는 삶을 살아야겠다고 마음먹은 순간이었다. 물론 지혜와 미덕의 완성은 있을 수 없다. 하지만 선생님들만큼 이러한 삶을 살기 위해 노력하는 사람도 없지 않을까 싶다.

애덤 스미스의 말에 따르면, 선생님들은 '사랑받는 사람'이 되기 위한 자격요건을 갖춘 셈이다. 왜냐하면, 아이들에게 미덕을 강조하고 있으며, 스스로도 갖추기 위한 노력을 하고 있기 때문이다. 그렇게 충분히 사랑받을 만한 매력을 갖춘 것이다.

그런데도 우리 선생님들은 자신이 갖춘 그 특별함을 특별하다고 생각하지 않는다. 그럴 수밖에 없는 것이 지금 우리 사회는

돈과 명예가 아닌 이상, 이런 기준은 취급하지 않기 때문이다. 더욱이 지혜와 미덕은 눈에 보이지 않는다. 측정할 수도 없기에 특별함으로 인정받기 어렵다. 이런 분위기에 한술 더 떠, 우리는 항상 겸손하고 자신을 낮춰야 한다고 배웠던 것이다.

하지만 난 선생님들이 자신이 가진 지혜와 미덕, 그것을 추구하는 자신의 삶을 자랑스럽고 특별하게 여겼으면 좋겠다. 세상을 풍요롭게 만들 수 있는 미덕의 가치를 우리 스스로 높게 평가할 수 있어야 한다. 그래야 물질만능주의의 현대 사회에서 그나마 아이들에게 좀 더 특별한 마음을 만들어줄 수 있지 않을까!

우리가 지혜와 다양한 미덕을 추구하기 위해 노력하고 갖춰나갈 때, 교사로서의 품격은 높아질 것이다. 미덕을 얼마나 갖추느냐에 따라 돋보이는 특별함은 사랑과 존경으로 이어질 수 있다. 왜냐하면 그런 사람은 매력적이기 때문이다. 물론 이것만으로도 훌륭하고 대단한 것이다. 하지만 여기에 특별한 매력을 하나 더 추가할 수 있다.

그건 선생님만의 꿈을 찾는 것이다. 현재 주어진 역할에 따라 해야 하는 일이 아닌, 진짜 선생님의 가슴을 뛰게 만드는 일 말이다. 그러한 꿈을 만들기 위해서는 온전한 나를 찾아야 한다. 내가 무엇을 좋아하는지, 무엇을 잘하는지, 어떤 일을 할 때 가슴이 뛰고 행복한지를 말이다.

지금 우리는 10대도 아니고, 진로나 직업을 찾을 때도 아니다. 그래서 이게 웬 뚱딴지같은 소리인가 싶은 생각이 들 수 있다. 우리 나이에 무슨 꿈을 꾸냐고 말할 수도 있다. 하지만 교사라는 직업 자체가 꿈은 아니다. 왜냐하면 꿈은 '무엇'에 해당하는 명사가 아니라, 내 삶이 추구해나갈 방향성 같은 것이기 때문이다. 물론 나처럼 '우리 교육의 희망과 행복을 노래하고 싶다'와 같은 거창한 꿈을 꿀 필요는 없다. 하지만 난 이 꿈을 꾸고 나서 아주 특별한 삶을 살게 되었다. 그것은 그 누구도 가보지 않은 나만의 길이었기에 진정한 내 인생의 주인공이 된 것이다. 사회가 정한 기준이 아닌, 현실이 나에게 주는 역할이 아닌 진짜 내 가슴이 시켜서 하는 일이다. 마음이 설레고 부풀어 오르는 나의 꿈을 찾을 때, 진정한 내 인생의 주인공이 되어 살아갈 수 있다.

내가 아는 몇몇의 선생님들은 그들만의 특별함이 있다. 여행을 좋아해 자신이 직접 경험한 여러 나라의 사회·문화를 아이들에게 소개하기도 한다. 행사와 레크리에이션에 두각을 나타내는 한 선생님은 학교 폭력 예방에 관한 행사를 다양하게 개최한다. 학교 말썽꾸러기들을 이 활동에 흡수해 많은 부분에서 학교 폭력을 예방하는 것이다. 사회 참여 활동을 좋아하는 선생님은 아이들에게 학교만이 아닌, 학교 밖의 사회를 미리 접하게 한다. 아이들이 더욱 다양한 경험을 할 수 있도록 기회를 만들어주는 것이다. 나 역시 우리 교육의 행복을 노래하기 위해 과학 교과와 인문학을 연결해 '자존'과 '꿈'에 대해 아이들과 이야기를 나눈다.

이와 같은 것은 학교에서 시키거나 주어진 업무가 아니다. 누가 하라고 해서 하는 일이 아닌, 각 선생님의 가슴이 시켜서 하는 일이다. 가슴이 뛰는 일을 할 때, 그 선생님의 삶은 더욱더 열정과 에너지로 넘쳐난다. 주변에 텐션이 넘쳐나는 선생님들은 대부분 꿈이 있는 사람들이다. 그런 선생님의 텐션을 아이들은 좋아한다. 그 선생님의 모습은 자신의 꿈으로 인해 더욱 특별해지고 매력이 넘치기 때문이다. 남들은 힘들어서 어떻게 하나 싶은 것들을 열정적으로 해낸다. 그건 각자의 일터를 꿈터로 만든 것이며, 교사로서의 자기 삶의 방향이 만들어진 사람들의 특징이다.

나 역시 서른여덟 살에 꿈이 생겼다. 늦었다면 늦고, 빠르다면 빠를 수 있는 나이다. '늦는 것을 두려워하지 마라. 포기하는 것을 두려워하라'는 말처럼, 꿈을 만들어가는 노력을 포기하지 않으면 된다. 지금이라도 사회의 기준과 역할에서 벗어나 '온전한 나'를 찾는 노력을 기울여야 한다. 자신이 좋아하거나 잘하는 것을 세상이 필요한 것과 연결 지을 수 있을 때, 그것은 꿈이 된다.

나는 선생님이
행복했으면
좋겠습니다

남이 정한 기준이 아닌 자신이 정한 기준으로 살아가는 삶, 내가 하고 싶어서, 내가 원해서 살아가는 삶은 분명 선생님에게 엄청난 열정과 에너지를 안겨줄 것이다.

교사가 된 것은 꿈의 끝이 아니라 꿈 너머 꿈의 시작이다. 분명 모든 선생님들의 마음속에는 각자의 보석이 숨겨져 있을 것이다. 나를 더 특별하게 만들어줄 꿈이라는 나만의 보석 말이다. 지금의 특별함에 나만의 꿈이 더해질 때, 선생님은 더욱더 특별한 존재가 될 것이다.

07 지금 선생님에게
   절실하게 필요한 것은

'짝퉁 긍정에 속지 마세요'라는 세바시 강연에서 가톨릭대학교 정신건강의학과 채정호 교수는 이렇게 말한다.

"긍정은 좋게 생각한다는 것이 아니에요. 좋지 않은데 좋다고 하는 것은 긍정이 아니라 왜곡이죠. 심지어 현재 상황이 나쁜데 좋다고 얘기하면 왜곡을 지나서 망상입니다. 원래 긍정이란 뜻이 무엇일까? 많은 분들이 생각하십니다. 긍정이라 하는 것은 '좋다', '좋게 생각하는 것'이라고 생각하지만, 실제 긍정을 사전에서 찾아보면 '좋게 생각한다'라는 뜻이 없습니다."

"긍정의 참뜻은 '그렇다고 인정함', '사물의 존재방식을 있는 그대로 승인하는 것', '그러하다고 생각해서 옳다고 인정함'으로, 실제로 긍정은 좋게 생각한다는 뜻이 아니에요. 그냥 있는 존재 자체를 그대로 인정하고 수용한다는 뜻입니다."

동종업계의 정신과 교수들마저 긍정에 대해 시큰둥한 반응을 보인다고 한다. 이에 채정호 교수는 무엇이 잘못된 걸까 생각하다가 긍정의 뜻이 잘못 전달되고 있음을 알게 되었다고 한다.

난 채정호 교수의 말에 동의한다. 다만 긍정에도 단계가 있다고 생각한다. 한꺼번에 두 단계를 건너 나쁜 상황을 무조건 좋게 생각한다면, 그건 왜곡이고 망상이 맞다. 예를 들면, 너무나 힘들고 나쁜 상황인데 '좋게 생각하자', '긍정적으로 생가하자'라고 한다면 마음만 더 힘들 뿐이다. 하지만 1, 2단계를 순차적으로 거치면, 결국 좋게 생각하는 방향으로 만들 수 있다.

1단계는 그 상황을 진정으로 받아들이고 인정하는 것이다. 이것이 긍정의 참뜻이다. 사실상 힘들고 나쁜 상황일수록 그 상황을 있는 그대로 인정하고 받아들인다는 것 자체가 어렵다. 그래서 긍정이 어려운 것이다. 하지만 받아들이고 인정하는 순간, 비로소 2단계가 펼쳐질 수 있다. 2단계는 사고 관점의 전환이다. 인정하는 순간 '그럼 이제 앞으로 어떻게 할까?'와 같이 나아갈 힘을 얻는다. 이때 사고 관점의 전환을 통해 좋은 방향으로 이끌어낼 수 있는 것이다.

반대의 의미인 부정은 그 상황을 인정하지 않고 받아들이지 않는 것이다. 그래서 누구 때문이라며 남 탓만 하거나, 아니면 자기 때문이라며 내 탓만 하다가 헤어 나오지 못한다. 그럼 좋은 방향으로 해결하기가 어렵다. 대상과 상황을 부정해서 받아들이지 못하기 때문에 감정에만 매몰되는 것이다. 그럼 자신을 합리화시키기에 바쁘고, 이성적으로 생각하지 못하게 된다.

삶을 살아갈 때, 항상 행복하고 즐거울 수는 없다. 왜냐하면 인간에게는 생로병사가 있기 때문이다. 그리고 생로병사에는 고통이 따른다. 절망스럽고 어려운 환경에 처했을 때, 또는 힘든 상황이 닥쳤을 때 무턱대고 좋게 생각할 수는 없다. 이때도 마찬가지로 1단계의 긍정이 뒷받침되어야 한다. 그럼 2단계의 사고 관점의 전환을 통해 조금이라도 좋은 쪽으로 생각할 수 있게 된다. 그렇게 자신의 삶을 좋은 방향으로 이끌어가야 한다.

내가 "우리 교육의 희망과 행복을 노래하고 싶다"라고 말하면, 채정호 교수의 동료들이 시큰둥한 반응을 보인 것처럼, 선생님들도 나에게 시큰둥한 반응을 보인다.

"행복, 좋지. 그런데 지금 우리의 상황이 그렇지 않으니까."
"희망, 현재의 입시가 바뀌지 않는데, 희망을 갖기 어렵지 않나?"
"우리 교육의 행복? 현실을 무시한 너무 이상적인 생각 아닌가!"

이렇게만 바라보면, 지금 현재 우리 교육에서 희망과 행복을 말하는 것은 정말 왜곡이고 망상일 뿐이다. 그런 나는 이상주의자이고 현실을 왜곡하는 사람이 된다. 그래서 우리에게는 진정한 의미의 긍정이 필요하다.

현재의 교육체제와 입시제도, 경쟁과 서열 위주의 우리 교육을 통째로 뒤엎고 희망과 행복을 찾자는 말이 아니다. 오히려 그 반대일 수 있다. 1단계는 지금 우리 교육의 흐름을 인정하고 수용하는 것이다. 이 존재 방식을 있는 그대로 인정해야 2단계로 진입할 수 있다.

'현실은 이러한데 이런 현실에서 조금이라도 우리가 행복할 수 있는 방법이 있을까?', '선생님과 우리 아이들이 함께 행복하려면 어떻게 할 수 있을까?'와 같이 사고의 관점을 전환하기 위한 노력을 하는 것이다. '우리 교육의 희망을 어디에서 찾을까?', '나부터 만들어갈 수 있는 것에는 무엇이 있을까?'를 고민하는 것이다. 그렇게 2단계 사고를 하려면 그 바탕엔 1단계인 긍정, 즉 수용과 인정이 필요하다.

이 책에서 다루어지는 '긍정'은 대상과 상황에 대한 수용과 인정을 넘어, 2단계까지의 좋은 방향을 의미하게 될 것이다. 즉 우리가 흔히 아는 긍정의 의미인 것이다. 하지만 대상에 대한 수용과 인정이라는 1단계가 수반되어야 함을 꼭 기억해야 한다.

긍정의 의미보다 내가 더 강조하고 싶은 것은 사실상 2단계다. 1단계의 인정과 수용은 필요조건이지만 충분조건은 아니다. 1단계가 선행되어야 2단계가 가능하지만, 1단계의 수용에서 끝나버리면 그 자리에 머물게 되기 때문이다. 뭔가 변화와 행동을 만들려면 어쩌면 2단계의 생각이 훨씬 더 중요하다. 그것은 자신의 사고 관점을 좋은 방향으로 전환시키는 것이다. 어떤 상황이든 진정으로 그 사실을 인정하고 받아들이면, 비로소 '그럼 앞으로 어떻게 하지?'가 가능해진다. 그때 좋은 방향으로 흘러갈 수 있도록 자신의 생각을 바꾸는 것이 중요하다. 자신이 어떤 관점을 갖느냐에 따라 똑같은 조건과 상황이더라도 더 나빠질 수도, 더 좋아질 수도 있기 때문이다. 행복은 주어지는 것이 아니다. 자신의 관점에 의한 선택이며, 그렇기에 내가 만들어갈 수 있는 것이다.

이 책의 3장과 4장의 주요 내용은 우리에게 주어진 교육 현실에서, 더욱 행복한 학교생활을 위해 사고 관점을 바꾸는 방법이 될 것이다. 사실상 교육제도와 같은 큰 시스템은 생각보다 쉽게 바뀌지 않는다. 주어진 현실적인 여건과 사회의 흐름 속에서 만들어진 거대한 인식도 쉽사리 변하지 않는다.

그런 어려운 상황이지만 자신의 사고를 긍정의 방향으로 바꾸려는 관점의 전환만이, 지금의 현실을 바꿀 수 있는 유일한 방법이 된다. 세상이 달라져서 내가 바뀌는 것이 아니다. 내가 세상을 바라보는 관점이 바뀌어야 세상이 달라질 수 있다.

나에게 주어진 학교 여건과 현실도 다른 선생님들과 별반 다르지 않다. 하지만 주어진 조건만 탓하고 있을 수는 없었다. 교권이 추락하고 학교가 붕괴되었다고 말하는 상황 속에서, 내가 어떤 관점을 갖느냐는 매우 중요하다. 왜냐하면 나의 사고 관점에 따라 지금의 현실이 조금 더 희망적일 수도, 조금 더 행복해질 수도 있기 때문이다.

수업을 바라보는 시선, 세상의 현상은 복잡하지만 단순하게 바라볼 수 있는 관점, 교사로서 살아간다는 의미, 마음의 기술을 사용하는 방법 등. 결국 이 책의 모든 사례는 선생님 사고의 관점을 전환시키기 위한 내용이 될 것이다.

사고 관점의 전환을 통해 우리 스스로 변화하기 위한 노력을 기울여야 한다. 그것이 현재의 주어진 여건 속에서 우리가 더욱 행복해질 수 있는 방법이기 때문이다. 지금 선생님에게 절실하게 필요한 것은 '행복해질 용기'일지도 모른다. 행복해지겠다고 마음먹으며 용기를 내는 순간 모든 것을 인정하고 수용하며, 사고 관점의 전환을 통해 우리는 얼마든지 더 행복해질 수 있기 때문이다.

08 오늘부터 자존감 있는 삶을 살아라

　자존감의 중요성을 모르는 사람이 있을까? 하지만 자존감을 정의하는 것은 생각보다 쉽지 않다. 알 듯 말 듯, 하지만 뭔가 명확하게 정의하기 어렵다. 자존을 몸에 배게 해서 자기 것으로 완전하게 만드는 것은 쉬운 일이 아니다. 그래서 자존의 의미는 사전 속의 의미일 뿐 마음에 크게 와닿지 않는다. 사전적 의미의 자존감은 '스스로 품위를 지키고 자기를 존중하는 마음'이다. 자신이 사랑받을 만한 가치가 있는 소중한 존재이고, 어떤 성과를 이루어낼 만한 유능한 사람이라고 믿는 마음이다. 내가 생각하는 자존감의 의미는 윤홍균 작가의《자존감 수업》에 잘 나타나 있다.

"물론 자신을 사랑해도 괴로운 일은 생긴다. 시험에 떨어질 수도 있고, 연인과 이별할 수도 있고, 부모님이 돌아가실 수도 있다. 하지만 이들은 그런 일이 있을 때 '나는 왜 이 모양 이 꼴일까?'라고 비난하지 않는다."

"이들은 문제가 생겼을 때 적극적으로 해결책을 세운다. 평소 남들과 비교하며 자신을 깎아내리는 데 에너지를 낭비하지 않기 때문이다. 건강한 사람은 감기에 걸려도 빨리 면역력을 회복하는 이치와 같다."

자신이 사랑받을 만한 가치 있는 소중한 존재라고 생각하기 위해서는 자신을 인정하는 것부터 해야 한다. 즉, 자존감은 '자신에 대한 긍정'에서부터 시작하는 것이다. 지금의 나 자신은 부족할지 모르지만, 일단 그 모습 그대로 자신을 인정하고 수용해야 다음 단계로 나아갈 수 있다. '그래, 그럼 그렇다 치고, 앞으로 어떻게 해야 더 나아질 수 있을까'를 생각해보는 것이다. 이것이 자존감 수업에 쓰여 있는 '이들은 문제가 생겼을 때, 적극적으로 해결책을 세운다', '남들과 비교하며 자신을 깎아내리는 데 에너지를 낭비하지 않기 때문이다'의 맥락과 비슷하다고 볼 수 있다.

예전의 나는 나 자신을 남들과 비교하며, 그로 인해 기분이 많이 다운되었다. 그런 내가 부족해 보여 나 자신이 싫을 때도 많았다. 언제나 다른 선생님들은 잘하는 것이 많은데, 난 뭔가 내세울 게 없다고 생각했던 것이다. 그런 비교는 나 자신을 작고 초라하게 만들었다. 교사가 되어도 항상 그렇게 살아왔던 나를 일깨워준 책 한 권이 있다. 그것은 박웅현 작가의 《여덟 단어》였다.

"자존감을 가지는 데 가장 방해가 되는 요인은 아마 우리 교육이 아닐까 싶습니다. 우리나라 교육은 아이들 각자가 가지고 있는 것에 기준을 두고 그것을 끄집어내기보다 기준점을 바깥에 찍죠. 명문 중학교, 특목고, 좋은 대학, 좋은 직장, 엄친아, 엄친딸을 따라가는 게 우리 교육입니다. 다시 말해 판단의 기준점이 '나'가 아니라 엄마 친구의 아들과 딸이란 말입니다."

"그런데 우리 교육은 과연 어떤가요? 내 안에 있는 걸 존중하게 해주는 교육이었을까요? 그렇지 않죠. 우리는 늘 우리에게 없는 것에 대해 지적받고 그것을 가져야 한다고 교육받아왔어요. 칭찬은 자존감을 키워주는데, 가진 것에 대한 칭찬이 아닌 갖지 못한 것에 대한 질타는 눈치를 자라게 합니다. 중심점을 바깥에 놓고 눈치 보며 바깥을 살핍니다."

머리를 한 대 맞은 듯한 느낌이었다. 나의 시선이 내가 아닌 남에게 있었던 이유를 알게 되었다. 내가 가진 나의 것을 끄집어 내기보다, 나에게 없는 것을 끊임없이 주입하려 했던 내 마음의 원인도 알았다. 이제껏 나는 교사가 되어서도 그렇게 살았던 것이다. 항상 나보다 앞선 사람을 보며 나 자신과 끊임없이 비교했다. 내가 가진 것을 인정하고 소중히 여기기보다 나에게 없는 것에 집착하며, '난 왜 그들보다 부족할까?'를 생각했다. 내 주변의 열 사람이 1가지씩만 잘해도, 그 10가지를 모두 가지고 있어야 하는 셈이다. 나는 정말 나에게 없는 그 10가지를 부러워하며, 채우고 싶었다. 남들이 잘하는 모든 것을 나도 잘하고 싶었다.

《여덟 단어》의 '자존'은 나에게 큰 깨우침을 주었다. 이 책을 읽은 후 나의 시선을 바깥이 아닌 내 안에 두게 되었다. 내가 누구인지, 나는 무엇을 원하는지, 내가 잘할 수 있는 것과 좋아하는 것이 무엇인지를 생각해보게 되었다. 그제야 비로소 교사로서 내가 가고자 하는 방향에 대해 진지하게 고민하게 되었다. 이미 만들어진 사회적 기준이나 남들이 좋다고 말하는 길이 아닌, 정말 나 자신이 원하는 길을 찾기 위한 노력을 하게 되었다.

하지만 시선을 내 안에 두었다고 갑자기 자존감이 높아진 것은 아니다. 내 길을 찾았지만, 남들에게 인정받지 못하면, 조바심이 났다. 타인의 칭찬과 위로에 목매기도 했다. 조금 덜 흔들리기는 했지만, 나 스스로 우뚝 서지는 못했다.

시간이 좀 더 흐르고 내가 가진 것들을 진심으로 인정하면서 조금씩 달라지기 시작했다. 나의 수업은 일반적인 방법들이 아니기에, 다른 선생님들에게 내세울 수 없었다. 내세울 수 없는 것은 아무것도 아니라고 생각했다. 하지만 아이들과 함께할 때 즐겁고 재미있는 수업이기에, 비로소 나 스스로 특별한 수업이라고 인정했다. 다른 이들은 가지 않는 길이지만, 우리 교육의 희망과 행복을 위해 '자존'과 '꿈'에 대해 이야기하던 나의 노력도 격려하기 시작했다. 아이들에게 감화를 주기 위한 나의 말 공부도, 학생들을 이해하기 위한 노력도 인정했다. 사건·사고를 해결하기 위한 나의 고민과 그런 상황에서도 인간에 대한 존중과 배려를 놓지 않으려는 나의 모습도 인정하고 격려했다.

그 이후 예전에 비해 '난 왜 이 모양일까?' 하는 남과의 비교가 생기지 않게 되었다. 그로 인해 기분이 다운되거나 감정에 매몰되지도 않았다. 오히려 그 시간에 빠르게 현재 상황을 수용하게 되었다. 불편한 현실이라도 빨리 받아들이고, 앞으로 해결할 방법을 생각하게 된 것이다. 나를 비난하며 자책하거나 더 이상 나 스스로를 괴롭히지 않았다.

하지만 이 모든 것이 단시간에 이루어지지는 않았다. 그리고 숱한 연습도 필요했다. 물론 지금 나의 자존감이 엄청 높아졌다고 말하는 것은 아니다. 그냥 예전에 비해 덜 흔들릴 뿐이다. 자신을 있는 그대로 받아들이고 믿는 마음이 조금 더 커졌을 뿐이다. 힘들고 어려운 일이 닥쳤을 때 더 빨리 마음을 추스르고 면역력을 회복해 다시 일어설 수 있는 힘이 조금 더 생긴 것뿐이다.

그런 의미에서 우리는 당장 오늘부터라도 자존감 있는 삶을 살 수 있다. 처음부터 크게 달라질 수는 없다. 매일매일 조금씩 덜 흔들리며 살아가면 된다. 그 첫 단계는 '자신에 대한 긍정'이 될 것이다. 즉 자신을 있는 그대로 인정하고 수용하는 것, 부족하면 부족한 대로 나를 그대로 받아들이고, 소중하게 여길 수 있는 것, 내가 가지고 있는 자질과 노력 및 근성이 훌륭한 것이라고 나 스스로 생각해주는 것, 남들이 인정해서가 아니라, 내가 나의 가치를 진심 어린 마음으로 알아주는 것이다. 거기서부터 시작한다.

더 나은 나의 모습을 위해, 조금 더 성장해나가면 된다. 그래서 인생은 멋진 것이다. 우리는 어제보다 나은 오늘, 오늘보다 나은 내일, 그렇게 매일 나아지며 성장해가는 나 자신을 기쁜 마음으로 바라볼 수 있으면 된다.

지금 선생님에게 절실하게 필요한 것은 자신의 자존을 바로 세우는 것이다. 그 첫 단계로 자신을 있는 그대로 인정하면 된다. 그리고 나의 시선을 바깥이 아닌, 내 안에 두려는 노력을 기울이면 된다. 그 이후의 것은 함께 배우며 나 자신을 찾아가면 되는 것이다. 나의 삶 속에 '내'가 있을 때 자존감을 높일 수 있다. 선생님이 해보겠다고 마음먹는 순간, 당장 오늘부터 자존감 있는 삶의 첫발을 내디딜 수 있게 된다.

3장

교사의 자존감을 끌어올리는
7가지 방법

01 사고의 순서를 바꿔라

내 주변의 선생님들은 학교에서 정말 많은 일을 한다. 온종일 정신없이 바쁘게 학교 일만 하다 보니 마음의 여유가 없다. 점심시간 또한 온전히 쉴 수 없으니, 출근해서 퇴근까지 풀 가동 업무 모드다. 사실 학교생활이 바쁜 데에는 이유가 있다.

바글바글, 와글와글, 시끌벅적, 야단법석, 한 반의 아이들은 보통 28~33명이다. 사실상 선생님은 30여 명의 아이를 둔 한 집안의 부모나 마찬가지다. 아이들이 사이좋게 지내면 좋으련만, 엄청나게 싸우기 시작한다. 누군가는 옆 반 아이와도 다툰다. 싸운 것을 SNS에 올려 다른 학교의 아이들까지 연루된다. 잘 마무리되면 좋은데 학교 폭력으로 연결되기도 한다.

또 다른 누군가는 학교생활을 너무나 힘들어한다. 지속적인 관심이 필요한 아이여서 신경이 곤두선다. 싸움도 해결해야 하고, 힘든 아이의 마음도 받아주어야 한다. 아이들을 돌보느라 몸이 10개라도 부족한데, 공부도 잘 가르쳐야 한다.

'좋아. 한번 해보겠어' 하고 마음먹지만, 코로나19로 폭탄 맞은 출석부도 정리해야 하고, 생기부도 써야 하며, 교실 정비도 해야 하고, 학부모 민원 및 어마어마한 양의 공문도 처리해야 한다. 부수적인 행정업무들이 넘쳐나는 것이다.

이런 상황에서 과연 우리는 뭘 얼마나 더 할 수 있을까? 하루 6교시 중 4~5교시의 수업을 끝내고 나면, 남은 1~2시간 동안 생활지도 및 행정업무를 하게 된다. 수업을 준비할 시간은 없는 것이다. 거의 매번 이런 생활이 쳇바퀴 돌 듯 반복된다. 하지만 그렇다고 학교 현실만 탓하고 있을 수는 없다. 해결할 수 있는 방법이 있을까?

나는 아주대학교 김경일 교수의 영상 내용이 하나의 좋은 방법이 될 수 있다고 생각한다. '뛰어난 생각을 하는 사람은 따로 있다'라는 영상을 보면, 초등학교 3학년 4개 반 교실에서 학생들을 대상으로 다음과 같은 실험을 한다.

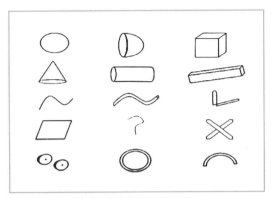

1반에서는 위의 물체를 먼저 보여주고, 원하는 것 5개를 골라 새롭고 신기한 것을 만들게 한다. 그럼 70~80% 아이들은 집이나 자동차를 만든다. 2반에서는 시간을 달리하고, 3반에서는 순서를 달리한다.

3반에서는 물체를 보여주지 않고, 새롭고 신기한 것을 만든다면 무엇을 만들고 싶은지를 먼저 묻는다. 지구 평화를 지키는 로봇, 남북통일 시키는 프로그램, 영원히 충전하지 않아도 되는 스마트폰 등 창의적인 생각들이 많이 나온다고 한다. 그러고 나서 물체를 보여주고 자신이 말한 새롭고 신기한 것을 만들라고 한다. 그렇게 해서 만들어진 3반 친구들의 작품들은 창의력 올림피아드 수상작들과 비교해도 손색이 없다고 한다.

이는 능력이 만들어내는 변수보다 상황이 사람을 바꾸는 영향력이 훨씬 크기 때문이라고 말한다. 교수님은 마지막에 이렇게 이야기한다.

"너, 미쳤구나'라는 소리를 들을 정도로 큰 꿈을 만들어라."
"실현하려고 가지고 있는 것이 아니라 잠잘 때나 산책할 때,
그 꿈을 가지고 놀아야 남들과 다른 시선을 가질 수 있다."

나는 2002년, 신규 발령 받은 해에 다소 엉뚱한 꿈을 품게 되었다. 사실 그때는 그것이 꿈인지도 몰랐다. 그냥 어린 새내기 교사의 간절한 소망이었다.

"나도 잘 가르치고 싶다."

학교생활은 지금과 별반 다르지 않게 20여 년 전에도 바빴다. 아니 그때는 경험이 없어서 하는 일마다 시간도 오래 걸리고 뭐든 어설펐던 시기였다. 그와 같은 바쁜 학교생활 속에서 '잘 가르치고 싶다'라는 간절한 마음 때문이었는지, 어느 날 문득 이런 생각이 들었다.

'아이들이 과학을 어려워하는데 쉽게 이해시킬 수는 없을까?'

그렇게 나만의 방법을 찾기 시작했다. 수업 시간마다 조금이라도 쉽고 즐겁게 할 방법들을 찾기 시작한 것이다. 그 시절 반

아이들과 다 함께 일어나 〈개구리송〉 율동에 맞춰 춤을 추기도 하고, '무성생식'을 가르칠 땐 '차태현'의 〈I Love You〉 노래를 직접 개사해 과학송을 부르기도 한 것이다.

사실 어찌 보면 별거 아니지만, 매시간 그런 노력들 때문이었는지 학생들은 나의 수업을 기대하고, 즐거워하며 좋아해주었다. 점점 나의 인기도 높아졌다. 그런 아이들의 기대와 반응이 있어서 힘들지만 매시간 수업 준비를 안 할 수가 없었다. 무에서 유를 창조해야 하는 수업 준비는 매우 고달팠지만, 아이들에게 인정받음으로써 나의 학교생활은 훨씬 더 행복했다.

그러던 중 2015년은 내 삶에 터닝포인트가 된 한 해였다. 관리자냐 평교사냐, 내 인생의 갈림길에서 더 말도 안 되는 불가능한 꿈이 생긴 것이다.

'우리 교육의 희망과 행복을 노래하는 사람이 되고 싶다.'

물론 "미쳤구나" 소리를 들을 만큼 말도 안 되는 꿈이었다. 하지만 결국, 이 불가능한 꿈으로부터 새로운 과학 수업이 탄생했다. 과학 개념과 인문학을 융합한 수업이다. 1강은 과학 개념의 연금술과 《여덟 단어》의 '자존'의 내용을 발췌해서 하브루타 수업으로 학생들의 '자존'의 개념을 이끌어냈다.

2강은 별의 일생이라는 과학 개념과 《어느 특별한 재수강》의 내용을 발췌해 '성공'의 의미를 생각해봤다. 3~5강은 원자와 오비탈의 과학 개념과 '김미경', '강판권' 씨의 삶의 이야기를 통해 '자아의 존재'와 '꿈을 찾는 방법'에 대해 이야기 나누었다.

인문학을 융합한 과학 수업 보고서로 2015년 경기도 현장연구대회 2등급, 이너게임을 접목한 과학 수업 보고서로 2016년 경기도 현장연구대회 3등급을 수상하게 되었다. 물론 연구대회의 상이 중요한 것은 아니다. 이 수업을 통해 아이들은 스스로의 자존을 찾고 각자의 성공의 의미를 정의할 수 있었다. 서로 꿈에 대한 이야기를 나누고 노래를 들으며 함께 눈물을 흘리기도 했다.

그 후에도 인문학의 가치를 융합한 과학 수업은 계속 이어졌다. 중학교로 왔기 때문에, 조금 더 쉬운 책들로 수업했다. 《개미와 베짱이》, 《토끼와 거북이》, 《꽃들에게 희망을》과 같은 그림책으로 주제 수업을 하기도 했다. 힘이라는 과학 개념을 배울 때는 《자존감 수업》을, 저기압을 배울 때는 《이토록 공부가 재미있어지는 순간》을 융합해 수업했다. 아이들 각자의 '자존'을 세워주는 것이 내가 우리 교육의 희망을 노래할 수 있는 방법이라고 생각했다. 지나고 보니 김경일 교수의 영상처럼 결국 나의 능력이 만들어낼 수 있는 것보다 내가 놓인 상황이 나의 능력을 바꾸는 데 더 큰 영향을 미쳤다는 것을 알게 되었다.

내게 주어진 현실에 맞춰 부지런히 하루하루 쳇바퀴 돌 듯 열심히만 살았다면, 쉽고 즐거운 과학 수업도, 가치 융합 과학 수업도 탄생할 수 없었을 것이다. 우리는 모두 우리에게 주어진 교육여건 속에서 그 누구보다 열심히 살아가고 있다. 하지만 앞서 이야기한 1반의 아이들처럼 주어진 현실이라는 여건을 먼저 보게 되면, 우리가 해낼 수 있는 능력에는 한계가 있는 것처럼 보인다. 따라서 3반의 아이들처럼 자신의 한계를 벗어나 우리의 능력을 바꿀 수 있는 상황으로 나를 밀어 넣어야 한다. 주어진 것을 열심히만 해서 해내는 것이 아니라, 해내고 싶은 것을 가슴에 품어야 가능할 수 있게 되는 것이다. 그렇게 먼저 꿈꿔야 한다. 그것이 우리가 사고의 순서를 바꿔야 하는 이유다. 사고 관점의 전환만이 불가능하다고 생각한 것을 가능하게 만들 수 있기 때문이다.

02 선생님 수업의 핵심가치를 만들어라

"좋은 수업이란 무엇일까?"

선생님들마다 자신이 생각하는 좋은 수업이 있다. 물론 그 기준은 교사마다 다르다. 배움과 성장이 있는 수업, 소통과 공감이 있는 수업, 학생들의 참여도가 높은 수업, 웃음이 있는 행복한 수업 등 다양한 수업을 기대하고 바랄 것이다. 교사라면 좋은 수업이 무엇인지 끊임없이 고민하게 된다. 그리고 여기에 배움, 성장, 소통, 참여, 웃음 등이 수업의 핵심가치가 될 수 있다.

핵심가치는 기업에서 자주 볼 수 있는 개념이다. 기업들은 자신의 제품을 팔 때, 그 기업의 가치와 철학, 신념을 담는다. 예를 들어, 나이키의 Just do it, 애플의 Think different, 마켓 컬리의 '사랑은 누구나 요리하게 한다'와 같은 것들이다. 본죽의 경우, 죽을 담는 그릇에 이런 문구가 쓰어 있다. '오늘 하루 당신이 건강했으면 좋겠습니다.'

이처럼 기업들은 제품 하나에도 회사의 가치를 심는다. 오래된 기업일수록 기업의 가치는 그들의 신념이 된다. 신념을 가진 기업들을 고객은 인정하고 좋아한다.

교사는 좋은 수업을 꿈꾼다. 하지만 어떻게 해야 좋은 수업이 되는지 모른다. 그것을 아는 방법이 있다. 선생님을 1인 기업가라고 생각하면 된다. 선생님의 제품인 수업에 선생님만의 핵심가치를 담는 것이다. 선생님의 모든 수업을 관통하는 핵심가치를 세우고 만들면 된다. 내 수업의 핵심가치는 '쉽고 즐겁게'다.

나는 '쉽고 즐겁게'를 매 수업에 적용하려 했다. 예를 들어, '중력에 대해 한 일과 위치에너지는 어떤 관계일까?'라는 내용이 있다고 하자. 교과서에는 사람이 상자를 들어 올리는 사진이 나온다.

물론 이 사진을 PPT로 띄워놓고, 그림을 보며 설명할 수 있다. 하지만 그럼 즐겁지가 않다. 그래서 난 뿅망치를 준비한다. 내가 뿅망치를 들어올리는 일만큼 위치에너지로 전환됨을 설명하기 위해서다. 갑자기 등장한 뿅망치에 아이들은 웅성거리고 기대한다. 집중도와 참여도도 높아진다. 더 즐거운 과학 수업이 되는 것이다. 수업이 끝나기 전 3분 정도 뿅망치 게임을 하면 아이들은 그렇게 즐거워할 수가 없다.

일의 양을 배울 때는 학생들을 모두 일으켜 세운다. 교실 앞에 무대를 만들려는 것이다. 모두 일어나서 각자의 책상을 교실 뒤까지 밀게 한다. 이때 책상을 밀기 위해서는 힘이 필요하다. 그리고 책상의 이동 거리가 생긴다. 책상을 밀 때 드는 힘과 이동 거리의 곱이 과학에서의 일의 양이 된다. 이미 절반쯤 뻥 뚫려버린 교실 앞 무대에서 몇몇 아이들의 노래까지 듣게 된다면 엄청나게 신나는 수업이 된다. 이렇게 체험을 통해서도 과학 개념을 얼마든지 익힐 수 있다. 굳이 대단하고 훌륭한 교수법이 있지 않아도, 내가 수업에 담고 싶은 나만의 핵심가치가 있다면 얼마든지 다양하게 수업을 구성할 수 있는 것이다.

핵심가치는 어떻게 찾을 수 있을까? 이에, 핵심가치를 찾는 방법 3가지를 제시하려 한다. 첫 번째는 스스로의 질문을 통해 찾는 것이다.

"나는 아이들에게 어떤 교사가 되고 싶은가?"
"내 교과를 통해 아이들에게 어떤 가르침을 주고 싶은가?"
"아이들의 성장에서 무엇을 이끌어내고 싶은가?"
"내가 좋아하고 바라는 수업은 어떤 수업인가?"
"나의 가치관과 태도를 내 교과에서 어떻게 보여주고 싶은가?"

이러한 질문에 대한 답변이 핵심가치를 찾는 데 도움이 될 것이다. 결국, '나는 어떤 교사인가?'라는 질문을 수없이 던져야 한다. 그래야 답을 찾을 수 있다. 하지만 질문에 대한 답을 찾기까지 시간이 오래 걸릴 수 있다. 내 삶의 마지막 수업에서야 '그래, 바로 이거야'를 외칠 수도 있다. 그래서 좀 더 직관적으로 빠르게 생각해볼 수 있는 두 번째 방법을 제시한다.

두 번째는 학생들의 반응이나 피드백 자료로 자신의 수업을 객관화하는 것이다. 이해를 돕기 위해 학생들이 작성한 2021학년도 나의 교원평가 자료를 함께 보자.

평가문항	답변
좋은 점	항상 친절하게 수업시간에 친구들에 대해 주시면서 수업할 때 세세한 거 하나하나 잘 가르쳐주신다.
좋은 점	애들이 지루해 할까 최대한 따르고 확실하게 수업 하시려 노력하시는 모습이 너무 좋아요.
좋은 점	수업을 요약해서 알려주시는데 그게 진짜 최고예요. 노트에 정리를 해서 시험공부할때 최고!!!!
좋은 점	재밌게 수업하셔서서 좋았습니다.
좋은 점	끝까지 이해할 수 있도록 도와주신다.
좋은 점	하브루타라는 것을 통해 학생들의 수업을 더 재미있게 해주신다.
좋은 점	정말 재밌고 다양한 방법으로 수업에 집중이 잘 되고 이해도 잘 되게 해주셔서 정말 좋아요.
좋은 점	이해하기 쉽다.
좋은 점	재미있으시고 잘 가르쳐주셔서 좋습니다!!
좋은 점	좋습니다.
좋은 점	수업을 정말, 정말 잘해주십니다. 다양한 예시를 통해 바로바로 이해시켜주십니다. 항상 알기 쉽게 이야기 해주시고 수업이 마무리될 즈음 하는 하브루타가 정말 도움이 많이 되는 것 같습니다.
좋은 점	수업이 재미있고 잘 설명해주신다.
좋은 점	오래 기억에 남는 학습법으로 가르쳐주심
좋은 점	완전 열정적으로 가르쳐주시고, 우리의 학업 문제에 관심이 많으셔서 학업 관련 고민도 잘 들어주신다.

이 중 박스로 체크한 부분에서 '쉽게', '이해', '재미있게', '열정'이라는 단어를 볼 수 있다. 이것은 '쉽고 즐겁게'라는 내 수업의 핵심가치와 일치한다. 이처럼 선생님 수업에서 좋았던 것 1~2가지는 공통적으로 학생들의 피드백에 나오게 되어 있다. 아이들의 반응이나 피드백을 통해, 알아채지 못했던 내 수업의 강점을 찾는 것이다. 그 강점이 선생님만의 핵심가치가 될 수 있다.

세 번째는 과거와 현재의 삶에서 영감을 얻는 것이다. 분명 우리 주변에는 훌륭한 선생님들이 계신다. 그중 닮고 싶은 선생님의 모습이 있다. 누군가를 닮고 싶다는 것은 나도 그 방향으로 가고 싶다는 것이다. 또한, 내 안에 그와 비슷한 것이 있다는 것을 말한다. 그 선생님의 무엇이 나에게 영감을 주었는지 살펴봐야 한다.

나의 교과를 선택하게 만들어준 옛 스승이나 기억에 남는 선생님들도 있다. 또는 지금까지 살아오면서, 인생의 터닝 포인트가 된 계기나 삶의 굴곡도 있다. 그로 인해 바뀐 가치관이나 태도가 있을 것이다. 나의 경우에는 승진에 대한 내 인생의 고민에서, 인문학 융합을 통해 삶의 가치인 '자존'이라는 핵심가치가 탄생하기도 했다. 나에게 영향을 준 책이나 인물도 좋다. 그와 같은 경험으로부터 자신의 수업에 담고 싶은 핵심가치를 찾을 수 있다.

자신이 생각하는 좋은 수업 안에 내 수업에 담고 싶은 핵심 가치가 있을 수 있다. 지금 비록 나는 좋은 수업을 못 하고 있지만, 앞으로 내가 추구하고 싶은 방향인 것이다. 내 수업에 '내'가 가고자 하는 방향이 없으면, 교직에 있는 동안 이리저리 헤맬 수밖에 없다. 다른 선생님들과 비교되며, 나만의 무기가 없기에 작고 초라해지는 것이다. 꿈이 너무 추상적이고 원대하게 느껴진다면, 나만의 핵심가치를 찾아서 그 방향으로 꾸준히 노력해봐야 한다.

물론 모든 교사가 '쉽고 즐겁게'를 핵심가치로 선택힐 필요는 없다. 교사마다 핵심가치는 얼마든지 달라질 수 있기 때문이다. 핵심가치가 '소통'이라면, 매시간 수업의 일부를 소통할 수 있게 만들면 된다. '웃음'이 핵심가치라면, 수업 중에 몇 번은 웃을 수 있는 장치를 만들어놓는다. 이처럼 선생님만의 핵심가치가 매시간 녹아 들어가면 된다.

그럼 정말 놀라운 일들이 일어난다. 1~2년 정도 매 수업에 나만의 핵심가치가 담기기 시작하면, 그 분야에 도가 트이게 된다. 계속 그 부분을 고민하며 수업을 구성하기 때문이다. 나는 과학 개념을 즐겁고 재미있는 실생활의 물건이나 상황들로 연결한다. 처음에는 개념을 실생활의 도구와 상황으로 매칭하는 것이 괴로울 정도로 힘들었다. 하지만 하다 보면 능력이 쌓이면서 처음보다 쉽게 수업을 구성할 수 있다. 이제 이 단원은 이렇게, 저 단원은 요렇게, 빠르게 떠올리게 되었다. 나름 그 분야의 수업 전문가가 되는 것이다.

　내가 의도한 만큼 수업에서의 성공 여부를 떠나, 이런 매시간의 나의 노력을 학생들은 열정으로 바라봐주기 시작했다. 학생과 교과를 사랑하는 선생님의 마음이라며, 진정성을 인정해주고 열렬한 반응을 보여주는 것이다. 이제 이 정도 단계에 오면 멈추기 어렵다. 정말 너무 바쁘거나 지치고 힘들어 수업 준비하기 싫은 날도 아이들의 눈빛을 떠올리면 안 할 수 없게 된다. 내 수업을 즐겁게 기다리는 아이들의 기대를 저버릴 수 없는 것이다. 종일 쳇바퀴 돌 듯 반복적인 학교 현실에서 어떻게든 시간을 쪼개어 수업을 준비하게 된다. 어느새 그렇게 꼭 지켜야만 할 나만의 원칙이 되는 것이다. 시간이 좀 더 흐르면 내 수업의 방향이 된 핵심가치는 신념이 되기도 한다. 그와 같은 신념을 가진 교사로서의 정체성이 만들어지는 것이다.

　나는 아이들이 내 과학 수업에 즐겁게 참여하기를 바란다. 그리고 쉽게 이해할 수 있도록 도움을 주고 싶다. 이것이 핵심가치로 표현되는 교사로서의 나의 정체성이다. 물론 핵심가치가 단 1가지여야 하는 것은 아니다. 나는 인문학 융합을 통해 과학 개념에 인문학적 가치를 연결해서 수업한다. 아이들에게 삶의 다양한 가치 중 '자존'과 '꿈'에 대해 알려주고 싶기 때문이다. 이렇듯 핵심가치는 여러 개일 수 있다. 이 모든 것이 나라는 교사로서의 정체성이다.

《가르칠 수 있는 용기》의 파커 J. 파머는 이렇게 말한다.

> "훌륭한 가르침은 하나의 테크닉으로 격하되지 않는다. 훌륭한 가르침은 교사의 정체성과 성실성에서 나온다."

훌륭한 가르침은 교사의 정체성에서 나온다고 말하고 있다. 처음부터 우리가 교사로서의 성체성을 찾기란 쉽지 않다. '정체성'을 해석하는 것은 너무나 어렵기 때문이다. 하지만 내 수업에 담고 싶은 핵심가치를 찾고 조금씩 수업에 반영해가다 보면, 나는 어떤 교사인지 핵심가치로 표현되는 교사로서의 정체성을 점점 찾아가게 될 것이다. 우리가 수업의 핵심가치를 먼저 만들어야 하는 이유다.

03 현상은 복잡하지만 법칙은 단순하다

"현상은 복잡하다. 법칙은 단순하다. 버릴 게 무엇인지 알아내라."

박웅현 작가의 저서 《여덟 단어》에 있는 글귀다. 이 글과 함께 피카소의 작품 'The Bull(황소)'이 나온다.

그리고 또 하나의 짧은 카피가 소개된다.

Everything changes but Nothing changes.
모든 것은 변하지만 아무것도 변하지 않는다.

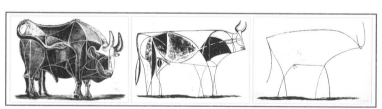

파블로 피카소(Pablo Picasso), 'The Bull' ⓒ 2022-Succession Pablo Picasso-SACK(Korea)

피카소 그림과 이 짧은 카피에서 말하고자 하는 공통된 단어는 무엇일까? 피카소의 그림에서 그림의 요소를 빼고 또 빼면, ○○이 남는다. 카피 속 문구에서 변화하는 것 속에 변하지 않는 ○○이 있다. 《여덟 단어》에서는 그 단어를 '본질'이라고 말한다.

이처럼 본질은 변하지 않는 그 무엇을 말한다. 반면, 끊임없이 변화하는 것도 있다. 수많은 현상들이다. 그렇다면 우리 교육에서 끊임없이 변화하는 현상에는 무엇이 있을까? 아마도 교수법일 것이다. 마인드맵, 브레인스토밍, TIR, ICT, PBL, 액션 러닝뿐만이 아니다. 하브루타, 비주얼씽킹, 프로젝트 수업, 교-수-평-기에 필요한 다양한 역량을 위한 수많은 교수법들이 있다.

여기에 코로나19로 인한 원격수업으로 배워야 할 것은 더 많아졌다. 온라인 클래스, 구글 클래스룸, 패들렛, 땡커벨, 퀴즈앤, 이제는 메타버스까지 등장했다. 사회가 급변할수록 교수 방법 또한 빠르게 변화한다. 정신을 못 차릴 정도로 쏟아져 나오고 있다. 이 수많은 교수법을 다 익히지 않으면 왠지 도태될 것만 같은 생각까지 든다.

그래서 마음이 쫓기기도 한다. 배우고 익혀야 할 것이 너무 많기 때문이다. 게다가 요즘에는 카카오톡의 오픈 채팅방으로 교류하다 보니, 내가 원치 않아도 수많은 연수 과정에 노출된다. 예전에는 내가 찾지 않으면 보이지 않던 것이, 이제는 나의 의지와 관계없이 보이게 되는 것이다. 물론 오픈 채팅방을 나오면 된다. 하지만 다른 정보를 놓칠까 봐 그러기도 쉽지 않다. 신청할까 말까 갈등에 놓이기도 하는 것이다. 남들이 하니까, 이게 대세니까, 나만 뒤처질까 봐, 왠지 나도 해야 하나 싶어 따라 하게 될 때도 있다. 그렇게 자꾸 옆을 보면 흔들리게 된다.

요즘엔 다양한 교수법을 '수업 레시피'라고 한다. 수업 레시피가 다양할수록 수업이 풍성해진다고 말한다. 물론 나도 그 의견에 동의한다. 하지만 끊임없이 변화하는 방법론에만 매몰된다면 정작 중요한 것을 놓칠 수 있다. 그리고 외적 요인에 의해 마음이 몹시 고달파지기도 한다. 인간은 변화를 두려워하기 때문이다. 수많은 현상은 다양한 형태로 끊임없이 변화할 텐데, 그런 변화는 우리에게 불안과 두려움을 준다. 조금이라도 두려움을 덜 느끼고, 외적인 방법에 매몰되지 않을 수는 없을까?

수많은 현상 속에 본질을 찾기 위한 노력을 하면 된다. 본질이 아닌 것은 포기할 줄 아는 용기를 가지면 된다. 그러려면 현상과 본질을 구분할 수 있어야 한다. 현상은 'How?'에 대한 답이다. 본질은 'Why?'에 대한 답이다. 그렇다면 교수법은 '어떻게'에 대한 답이며, 수업에 필요한 방법적인 도구들인 것이다.

우리가 흔히 말하는 수업 레시피라고 하는 다양한 교수법은 절대 수업의 본질은 아니다. 그렇다면 조금은 포기할 줄도 알아야 한다. 마음이 고통스러울 정도로 우리가 그것에 매몰될 필요는 없는 것이다. 대신 본질을 찾기 위한 노력을 기울여야 한다.

수업의 본질은 나는 '왜' ○○○ 수업을 하고 싶은가에 대한 답이다. 예를 들어, "나는 '왜', '쉽고 즐겁게'라는 수업을 하고 싶은가?"라는 질문처럼 말이다. 이는 교사마다 자신이 꿈꾸며, 하고 싶고, 좋아하는 수업에 대한 답이다. 결국 '왜'에 대한 답은 교사의 정체성에 가까운 것이다. 그래서 ○○○이라고 말하는 나의 핵심가치를 찾는 것이 본질을 찾기 위한 노력이 될 수 있다.

물론 핵심가치를 찾는 것이 더 어렵다며, 피하고 싶을 수 있다. 다양한 수업 도구들을 이용해 수업하는 것이 더 편하다고 말할 수 있다. 하지만 그렇게 되면, 우리는 외적인 요인에 의해 많이 흔들릴 것이다. 왜냐하면 자신의 수업 안에 교사로서의 '나'라는 자아가 없기 때문이다.

나는 선생님들이 자신의 더 나은 수업을 위해 연수에 올인하는 모습이 안타깝다. 나 역시 현상과 본질을 구분하지 못했을 때, 다양한 연수를 통해 내 수업을 업그레이드해야만 한다고 생각했다. 항상 나의 시선은 바깥으로 향해 있었던 것이다. 그렇게 많은 시간을 투자하고 배우며 익혔지만, 수업이 크게 달라지지는 않았다. 사실 연수를 들을 때는 가슴이 벅차고 수업에 적용해야겠다는 다짐도 했다. 하지만 막상 학교 현실로 돌아오면 내 수업에 적용하는 것이 쉽지 않았다. 물론 나의 역량이 부족해서일 수 있다. 하지만 연수를 듣고 난 후 수업에 많은 변화가 있었는지 주변 선생님들께도 물었지만, 대부분 도움은 되었으나 자신의 수업에 큰 변화가 있지는 않다고 대답했다. 연수에 들인 시간과 노력에 비해, 수업이 다이내믹하게 새롭게 바뀌지는 못했던 것이다.

어찌 보면 교수법은 수업에 대한 도구일 뿐 내 수업의 본질이 아님에도, 그 도구를 많이 알고 잘 적용하는 것만이 수업을 잘할 수 있는 방법이라 생각했던 것 같다. 물론 수업의 일부를 바꿀 수 있음은 인정한다. 난 하브루타 활동을 좋아하고 내 수업에 많이 활용한다. 아마도 아이들에 대한 믿음이 강한 나의 성향과 잘 맞기 때문인 것 같다. 하지만 수업을 마무리할 때 정리를 위한 하나의 방법으로 활용할 뿐, 하브루타 자체가 내 수업에서의 본질은 아니었다. 다양한 교수법은 수업의 도구적인 측면이기에 내 수업의 방향이 있을 때, 그 방향에 맞는 방법을 찾는 것이 더 쉬울 수 있다.

우리는 수많은 연수에서 수업의 정답을 찾기보다, 내 안에서 수업의 본질을 찾기 위한 노력을 기울여야 한다. 결국 내 수업에 대한 정답은 내 안에 있기 때문이다. 오히려 바깥으로 향해 있던 시선을 안으로 가져와 내가 하고 싶은 수업이 무엇인지, 내가 좋아하는 수업은 어떤 것인지를 찾아야 한다. 내 수업의 본질을 찾게 될 때, 나만의 중심을 잡을 수 있다. 끊임없이 변화하는 교수법에 조금 덜 흔들리며 나의 길을 걸어갈 수 있는 것이다. 우리를 둘러싸고 있는 수많은 현상은 너무나 복잡하다. 하지만 끊임없이 변화하는 복잡한 현상 속에서 본질이라는 법칙만이 우리의 삶을 단순하게 만들어줄 것이다.

04   떳떳한 자신에게
　　　자부심을 가져라

"교사로서 떳떳하다는 것은 무엇일까?"

　이 질문에 대한 답은 다양하게 나올 수 있다. '교사로서 떳떳하다'를 어떤 관점으로 보느냐에 따라 얼마든지 달라질 수 있기 때문이다. 내가 말하는 '떳떳한 자신'이란, 언행일치가 되는 것을 의미한다. '언행일치'의 사전적 의미는 아래와 같다.

　　"언행일치란 말과 행동이 똑같다는 말이다. 내뱉은 말과 실제로 행동한 것이 어긋나지 않고 꼭 맞는다는 말이다. 말은 애초에 계획이나 의도가 없었더라도 그럴듯하게 꾸며대거나 급하게 둘러대 쉽게 할 수 있다. 하지만 그 말이 그대로 행위로 이어지기는 쉽지 않다. 말을 함부로 해서는 안 된다는 경계의 의미에서, 또는 실천의 중요성을 강조하기 위한 의미로 많이 쓰인다.”

사람들 대부분은 스스로 언행일치를 잘하고 있다고 생각한다. 자신이 머릿속으로 안다고 생각하는 것은 실천도 잘하고 있다고 믿기 때문이다. 간디(Mahatma Gandhi)의 일화 중에 '소년과 설탕' 이야기가 있다. 어떤 어머니가 자신의 아이를 데려와 간디에게 말한다.

“아들이 설탕을 너무 좋아하는데 간디 선생님을 존경해서, 설탕을 끊으라고 한 말씀만 해주시면 끊겠다는군요.”

어머니는 한마디만 해달라고 간디에게 부탁한다. 하지만 간디는 한 달 뒤에 다시 찾아오라는 말만 남긴다. 어머니는 한 달 후에 다시 찾아갔고, 그날 바로 말해주지 않은 이유를 물었다. 간디는 말한다.

“그때는 나도 설탕을 먹고 있었소. 그래서 끊으라고 말할 수 없었다오. 한 달은 내가 먼저 설탕을 끊는 데 필요한 시간이었소.”

자신도 설탕을 먹고 있었기에, 먹지 말라는 말을 하지 못했다는 것이다. 분명 나라면, 어린아이에게 “설탕은 몸에 좋지 않

아. 끊는 게 좋아"라고 바로 말했을 것이다. 그것은 그리 어려운 일도, 크게 중요한 일도 아니기 때문이다. 좋은 의미를 가진 말이었기에 얼마든지 쉽게 해줄 수 있는 것이다. 그런데도 간디는 자신이 실천하지 않은 말은 내뱉지 않았다.

교직 생활 중반까지 나는 내가 실천하지 않았더라도, 교육적인 말이라면 서슴지 않고 쉽게 말하곤 했다. 나는 선생님이니까 좋은 영향을 미쳐야 한다고 생각했다. 또한, 내가 하는 모든 말을 아이들이 잘 받아들여 줄 거라 믿었다. 하지만 이내 곧 실천이 따르지 않는 말은 '말뿐인 말'이 되어버려 '말의 힘'을 갖지 못한다는 것을 깨닫게 되었다. 내가 수업을 하거나 학급을 운영할 때, 실천이 없는 말들은 생각보다 효과가 없었다. "자기도 안 하면서, 왜 우리한테만 그래"처럼 되어버리는 것이다.

우리는 쉽게 말을 내뱉고 그에 대한 실천도 잘한다고 생각한다. 우리 스스로 인지하지 못하는 경우다. 간디의 일화를 예시로 들면 이렇다. 설탕은 몸에 좋지 않으니 아이들이 먹지 않았으면 하는 마음에, 선생님은 먹지 말라는 말부터 먼저 할 수 있다. 그러다 나는 별생각 없이 설탕을 먹어버린 것이다. 그런 나의 무의식적인 행동을 아이들이 봤을 수 있다. 그럼 '선생님도 하면서, 왜 우리 보고만 하지 말래!'가 되어버리는 것이다. 나에게는 별거 아닌 작은 것이기에, 교육적으로 좋은 것이었기에 먼저 내뱉게 된 말이었다.

우리는 흔히 교육적이거나, 쉽게 해줄 수 있는 말은 나도 잘 실천하고 있다고 믿는다. 하지만 내가 학교에서 아이들에게 한 말들에 실천이 따르고 있는지는 곰곰이 생각해봐야 한다. 그렇지 못한 경우가 더 많기 때문이다. 그래서 요즘 난 내가 실천하지 않은 것은 말하지 않으려고 한다. 대신 꼭 말해야 한다면, 먼저 실천하려고 노력한다.

나는 학생들이 지각하지 않으면 했다. 지각하는 학생이 많아지면 학기 말로 갈수록 학급 분위기를 형성하는 데 어려움이 있기 때문이다. 그럼 나는 우리가 정한 시간보다 매일 5~10분 정도 미리 교실에 들어가 있었다. 그 때문이었을까 아이들은 늦지 않기 위해 정말 최선을 다해주었다. 선생님의 '지각하지 말라'는 말보다, 그와 같은 나의 행동이 무언의 압박이 되었으리라.

행동으로 실천하기 쉬운 것들은 지금부터 하면 된다. '지각하지 마라', '청소해라', '서랍 정리해라', '쓰레기는 쓰레기통에 버려라', '교실 깨끗이 써라', '분리수거 제대로 해라' 같은 것들은 내가 먼저 실천하면 되는 것이다.

우리는 교사다. 아이들에게 생활습관과 규칙에 대한 말들만 해줄 수는 없다. 관계에 대한 말과 눈에 보이지 않는 가치에 대해서도 말할 수 있어야 한다. 이런 것들은 우리의 언행일치를 더 어렵게 만든다.

"나는 너를 믿어."
"선생님은 너희들과 소통하고 싶어."

"얘들아, 밤하늘을 바라보고 우주를 동경하며, 너희들의 꿈을 꾸렴."

내가 '너를 믿어'라고 말을 하면, 목에 칼이 들어와도 그 학생을 정말 믿는다는 마음으로 말해야 한다. '소통하고 싶다'면 학생의 의견을 수용할 여지를 두고 정말 마음을 활짝 열어놓은 상태에서 이야기를 나누어야 한다. '그래, 말해봐. 다 들어주긴 할게. 하지만 내 생각은 변함없어'라는 생각으로 이야기한다면, 아이들은 선생님의 '말뿐인 말'이라는 것을, 다시 말해 겉으로만 번지르르하게 이야기하고 있다는 것을 기가 막히게 안다. 오히려 안 된다고 생각하면 경계를 명확히 하고, 안 되는 이유를 솔직하게 말하는 것이 교사인 나에 대한 신뢰를 쌓을 수 있는 길이다.

또한 우리는 아이들에게 '너의 꿈을 꾸고, 너의 길을 가라'고 말해줄 수 있어야 한다. 사실 나도 예전에는 '꿈을 꾸렴'이라는 말을 하지 못했다. 나 역시 꿈이 없었기 때문이다. 하지만 나에게 꿈이 생기고 그 꿈을 이루어나가는 과정에서, 나의 말 한마디, 한마디에는 엄청난 힘이 생기기 시작했다. 때로는 설렘으로, 때로는 간절함으로, 때로는 열정으로 다채롭게 표현되는 나의 꿈 이야기를 아이들에게 들려주었다. 그것은 경험으로부터 나오는 힘이었다. 이런 말들은 의식과 행동이 뒷받침되지 않으면 '말의 힘'을 얻기가 어렵다. 문제는 의식과 행동은 단시간에 바뀌지 않는다는 것이다. 그래서 언행일치가 어려운 것이다.

'말뿐인 말'들은 나에게 손해다. 이미 아이들에게 한두 마디로는 나의 말이 먹히지 않기 때문이다. 그럼 세 마디, 네 마디, 다섯 마디, 점점 잔소리처럼 말이 길어지게 된다. 말이 길면 효율성은 떨어진다. 시간과 에너지를 더 많이 쓰게 되기 때문이다. 아이들이 말을 안 듣는다는 생각에, 선생님의 스트레스 지수 또한 훨씬 더 높아진다.

나는 나의 말 한두 마디에 아이들이 움직이기를 바란다. 그와 같은 일이 가능해지려면 일단 말을 많이 하면 안 된다. 잔소리처럼 1절, 2절, 3절이 되면 안 되는 것이다. 그리고 '말의 힘'을 가져야 한다. 그럼 거짓말처럼 선생님의 단 몇 마디에 아이들은 움직이기 시작한다.

선생님의 실천과 경험이 바탕이 되는 말은 무섭다. 자신을 굳게 믿어주고 존중해주는 마음을 가진 선생님의 말엔 엄청난 힘이 실려 있음을 아이들은 느낀다. 그런 선생님의 말씀을 거스르기는 어려워지는 것이다. 말을 많이 하지 않아도 나의 한두 마디에 학급이 잘 운영된다면 정말 멋지지 않은가!

그것은 그냥 이루어지지 않는다. 자기 생각과 말과 행동이 일치할 때, 그러한 노력을 꾸준히 기울일 때, 그렇게 자신에게 떳떳할 때, 비로소 얻어질 수 있는 막강한 힘인 것이다. 언행일치가 된 말의 힘은 교사로서의 권위와 자존감을 높이게 된다.

05 어떤 상황 속에서도 긍정하라

난 긍정적인 편이다. 뭐든 '좋은 게 좋은 거다'라는 생각으로 다 함께 좋은 쪽으로 생각할 수 있도록 유도한다. 하지만 지금의 학교 현장에서 "어떤 상황에서라도 긍정할 수 있을까?"라고 묻는 다면, 난 "아니오"라고 말할 수밖에 없다. 왜냐하면 우리의 교육에는 여러 가지 문제가 있기 때문이다. 외부적인 제도들의 문제뿐 아니라, 거기에 얽혀 있는 내부적인 문제들까지 수많은 어려움이 있다.

《가르칠 수 있는 용기》의 파커 J. 파머는 이렇게 말한다.

"우리는 학점제도, 학과제도, 지나친 경쟁의식, 관료적인 교육제도 등으로 인해 학생들과 멀어지게 된다. 교육제도는 분명 분열을 조장하는 구조를 취하고 있다. 그러나 우리의 분열

된 상태를 제도 탓으로만 돌리는 것은 외부 세계가 내부보다 더 강하다는 것이 된다. 교육의 외부적 구조가 우리의 내면적 풍경의 한 특징인 '공포'에 뿌리박고 있지 않다면, 우리를 이처럼 분열시키지는 못했을 것이다."

여기에서 말하는 '공포'는 무엇일까? 교사가 갖는 공포는 이런 것이다.

내 수업을 듣는 학생들의 눈빛이 퀭할 때, 누군가 하품을 할 때, "하기 싫어요" 하며 안 하고 싶다고 말할 때, 마치 무시하는 듯한 눈빛으로 나를 바라볼 때, 내가 투명 인간이 된 듯 아이들끼리만 떠들 때, 예상치 못한 갈등이 벌어졌을 때, 공격적인 아이를 만났을 때, 냉소적인 분위기가 만들어졌을 때, 학생의 질문에 대답을 못 했을 때, 내 수업을 재미없어 할 때 등등. 공포의 순간은 하루에도 몇 번씩 찾아온다.

예전에 한번은 이런 일이 있었다. 고등학교지만, 즐겁게 수업하고 싶었던 나는 LG사이언스랜드의 '과학송(과학 개념을 가사로 담은 노래)'을 아이들에게 가르쳤다. 그러자 한 여학생이 수업 중에 큰 소리로 말했다.

"이런 식으로 배우면 시험을 어떻게 치죠?"

그 아이의 말 한마디에 나는 고개를 들어 아이들을 쳐다볼 수가 없었다. 모든 아이들이 내 수업을 그렇게 평가하는 것만 같왔다. 그 이후 한동안 나는 위축되었고, 그 반 수업을 들어가는 게 싫었다. 그런 순간들이 다시 생길까 봐 겁이 났던 것이다. 시간이 흐른 어느 날, 《가르칠 수 있는 용기》라는 책을 읽게 되었다. 이 책을 읽고 나서, 난 처음으로 학생들이 가지는 공포에 대해서 생각해보게 되었다.

아이들의 공포는 이런 것이다. 점수를 못 딸까 봐, 수업을 못 따라갈까 봐, 수행평가를 못 볼까 봐, 질문에 대한 답을 하지 못할까 봐, 그걸 다른 친구들이 비웃을까 봐, 선생님과 친구들에게 미움받을까 봐, 다른 이들에게 비난받고 평가받을까 봐 등등. 그들에게도 그와 같은 공포가 존재하는 것이다.

이 같은 서로의 공포에 의해 잘못된 해석을 만들기도 한다고 파커 J. 파머는 말한다.

> "나는 그 학생을 그의 입장에 비춰 이해한 것이 아니라, 나 자신의 그림자에 비춰 이해한 것이다. 그리하여 나의 주관적인 오독(誤讀)은 나의 교직생활 중 최악의 순간을 만들어낸다."

내가 그랬던 것이다. 그 학생이 나의 권위에 도전한다고 생각했다. 나를 무시하나 싶기도 했다. 결국, 난 그 학생의 내면의 감정은 모른 채, 내가 가진 나의 공포로 인해 잘못 해석하는 상황을 만들었던 것이다. 이때 나의 공포는 '내 수업이 인정받지 못하면 어쩌지?' 하는 것이었다. 오로지 난 나의 공포의 그림자에 비춰 해석했던 것이다.

나는 선생님이
행복했으면
좋겠습니다

단지 그 아이는 점수를 잘 받고 싶었던 것뿐이다. 자신이 '점수를 못 받으면 어쩌지?' 하는 불안이 그렇게 표현된 것이다. 아니, 어쩌면 진짜 나의 수업을 탓하고 싶었을지도 모른다. 하지만 여기서 중요한 것은 나를 탓하든 탓하지 않든, 시험 점수를 잘 받아야 하는 우리 교육의 외부적인 상황이 그 학생의 내면을 불안하게 만들었다는 것이다. 그곳은 비평준 지역으로 내신 경쟁이 치열했던 학교였다. 그때, 내가 그 아이의 내면의 감정을 알아챌 수 있었다면 우린 더 진솔한 사이가 되었을지도 모른다. 나 역시 몇 날 며칠 무거운 마음으로 그 반 수업에 들어가지 않아도 되었을 것이다.

가만히 생각해보면 학교 현장에서 교사와 학생 사이에 잘못 해석되는 상황이 수없이 생긴다. 학생들의 말을 곧이곧대로 해석할 수밖에 없기 때문이다. 그것도 내 잣대에 의해서 말이다. 분명 그 아이의 말은 내면의 어떤 감정에서 나온 것이다. 그 감정에는 이유가 있다. 하지만 수업을 하다 보면 교사는 마음이 급해지고, 한 아이의 돌출된 말과 행동에 대해 이면의 감정까지 고려하기는 쉽지 않다. 즉각적으로 나의 기준에 맞춰 해석하고 처방해 수업을 끝내게 된다. 이런 식으로 진행되는 데는 몇 가지 이유가 있다.

첫 번째는 수업에 대한 우리의 생각 때문이다. 대부분의 선생님들은 '수업이란 나의 교과를 잘 가르치는 것'이라 생각한다.

그래서 항상 교과가 중심이 되다 보니, 어느덧 수업을 진행하는 데만 치우치는 것이다.

교과를 중심에 두는 순간, 한 아이의 돌출된 행동과 말은 내 교과를 진행하는 데 방해요소가 되어버린다. 그럼 교사는 그 아이를 빨리 누르고 수업을 마무리하게 되는 것이다.

두 번째는 교사가 가지는 공포와 학생들이 가지는 공포가 있다는 것을 모르기 때문이다. 그렇기에 상대의 말과 행동 이면의 감정을 이해하지 못하고, 내 잣대에 의해 해석해버리고 마는 것이다. 서로의 공포를 알지 못하면, 어디서부터 해석이 잘못된 건지, 즉 '오독'의 상황을 알아채기 어렵다. 결국 상대에 대한 이해 없이 오직 자신의 상황에서만 판단하게 된다.

파커 J. 파머는 "두려워하지 말라"고 말한다. 두려워하지 말라는 것은 공포를 갖지 말거나, 그 공포를 없애라는 것이 아니다. 오히려 교사로서 자신이 가진 공포를 인정하라고 말한다. 입시 위주의 경쟁 체제 속에서 생겨난 학생들의 공포 또한 인정해야 한다. 서로에게 그러한 공포가 있다는 것을 알고 인정하는 것만으로도 선생님과 학생들의 관계는 나아질 수 있다.

더불어 내 그림자에 의해 잘못 해석되는 '오독'의 순간을 줄여야 한다. 학생의 입장에서 그 아이의 말과 행동 이면에 어떤 감정이 있는지 읽어내려는 노력이 필요한 것이다. 그렇게 되면 선생님과 학생들 사이의 불협화음을 훨씬 더 줄여나갈 수 있다.

하지만 이미 너무 많이 관계가 틀어졌을 수 있다. 어떤 계기로 인해 서로의 관계가 잘못되면, 그 아이는 작정하고 나에게 상처를 주려고 마음먹을 수 있다. 큰소리를 지르고, 내 앞에서 욕을 하고, 반 친구들이 있는 상황에서 나를 무시하려 들 수 있다. 그럼 선생님의 마음은 갈기갈기 찢어지고, 깊숙이 상처를 받게 된다. 선생님도 사람인지라 자신을 보호하고 싶은 마음에 아이에게 똑같은 상처를 주고 싶을지 모른다. 이럴 때는 상대의 공포를 인정하거나 이해하려 해도, 어떻게 이렇게까지 할 수 있을까 싶은 마음이 든다. 마음이 너무나 고통스럽고 힘든 것이다. 하지만 우리는 무너지지 않기 위해 안간힘을 써야 한다.

선생님 마음속에는 늑대 두 마리가 있다. 한 마리는 어둠과 절망의 늑대이고, 다른 한 마리는 빛과 희망의 늑대다. 이 늑대 두 마리가 싸운다. 어느 늑대가 이길까? 마음속에서 선생님이 먹이를 주는 늑대가 이기게 된다. 어떤 상황 속에서도 긍정해야 하는 이유는, 그럼에도 불구하고 그 아이와 단절되지 않으려는 안간힘만이 빛과 희망의 늑대에게 먹이를 줄 수 있기 때문이다. 힘든 상황이지만 선생님의 긍정적인 마음을 지속해서 아이에게 전달해야만 선생님의 진심이 아이의 마음에 닿을 수 있다. 선생님의 긍정의 힘으로 아이를 변화시킬 때만이, 선생님의 삶과 아이의 삶, 모두를 빛과 희망으로 채울 수 있다.

06   힘든 일이 있을 때
나만의 문제라고 착각하지 마라

'키 크고 정말 잘생겼지만 찢어지게 가난한 남자가 있다. 키 작고 정말 못생겼지만 엄청나게 부자인 남자가 있다. 누구를 선택하겠는가? 선생님의 선택과 이유는?'

이것은 몇 해 전 들은 PBL 연수에서의 예시였다. 나와 연수를 함께 들은 선생님들은 이 중 하나를 선택하고, 자신이 생각하는 타당한 이유를 써 모둠에서 이야기를 나누었다. 가장 설득력 있었던 의견 하나를 다수결로 정해 모둠별로 발표했던 기억이 난다.

이런 주제는 선생님들의 강한 호기심을 불러일으킨다. 자신들의 이유에 나름대로 붙인 근거가 재미있어 즐거운 수업 분위기도 만들어진다. 하지만 연수가 끝나고 나서 난 조금 씁쓸했다. 이러한 주제는 재미로 극단적인 상황을 만들고 선택하게 한다. 그 순간은 재미있을지 몰라도 사실상 이러한 질문은 위험하다. 왜냐하면 이분법적 사고이기 때문이다. 이분법적 사고는 우리의 뇌를 경직시킨다. 이것, 아니면 저것만 되는 것이다. 그럼 항상 그 이면의 중간의 상황은 없다. 모 아니면 도인 것이다.

일상생활에서도 이분법적 사고를 많이 볼 수 있다. 모든 상황을 2가지의 경우로만 나누어 생각한다. 내가 눈에 보이지 않는 가치를 추구하라고 하면, 그럼 물질적인 가치는 중요하지 않냐고 묻는다. 자기 수업의 본질을 찾아야 한다고 말하면, 그럼 교수법은 중요한 것이 아니냐고 묻는다. 아이들도 마찬가지다. 수업 중 아이들에게 소중한 것을 쓰라고 했을 때, 한 모둠에서 4명 중 3명은 가족을 썼다. 나머지 한 아이는 친구를 썼다. 그랬더니 다른 아이들이 말한다.

"너는 가족은 안 소중하고, 친구만 소중하구나."

가족이 소중하지 않았던 것이 아니다. 물질적인 가치가 중요하지 않다는 것도 아니다. 수업의 방법적인 부분인 교수법이 중요하지 않은 것도 아니다. 각각의 상황에서 2가지 모두 다 중요하다. 그럼에도 불구하고 하나를 강조하면, 마치 다른 하나는 중요하지 않은 것이 되어버린다. 이분법적 사고 때문에 그렇다.

　할렘가 같았던 지역의 학교에서 4년 정도 근무한 적이 있다. 하루에도 몇 번씩 화장실의 휴지는 내동댕이쳐지며 바닥에 나뒹굴었다. 심한 날은 화장실 문이 박살 나 있었다. 유리창이 깨지는 날도 부지기수였다. 학교 안에서 아이들끼리의 싸움과 절도도 자주 일어났다. 밖에서 다른 학교 아이들과 싸우거나, 주택가의 자전거를 훔쳐 달아나다 걸리면 매번 경찰서에서 연락이 왔다. 스마트폰이 도입되던 시절이라, 엄청나게 비싼 핸드폰은 도난당하기 일쑤였다. 몇 명 아이들이 훔쳐다가 돈을 받고 되팔았던 것이다. 학교에 거의 일짱을 먹다시피 한 친구가 있었는데, 아마도 그 친구의 소행일 거라는 생각은 들었지만, 물증이 없었다. 그때는 학교에 CCTV가 없었기에, 도난 사고가 일어나도 증거를 찾기 어려웠다.

　그러다 결국 문제가 터졌다. 옆 반 담임 선생님께서 그 아이를 믿고, 학급 안에서 뭔가 잘 해낼 기회를 주고 싶었던 것이다. 그래서 2학기 초에 핸드폰 도우미를 시키셨다. 하지만 며칠 지나지 않아 고가의 핸드폰이 없어졌다. 핸드폰을 잃어버린 아이의 부모님이 찾아왔다. 핸드폰 도우미 학생을 의심했지만, 물증은 찾을 수 없었다. 그 아이의 부모님은 교무실에서 큰소리를 치셨다.

"걔는 원래 그런 애잖아요. 맡길 애한테 맡겨야지, 고양이한 테 생선을 맡기면 되겠어요? 담임이 이렇게 생각이 모자라서야, 우리 아이를 어떻게 맡겨요?"

부모님의 무시하는 듯한 말을 듣는 것도 괴로웠지만, 결국 그 담임 선생님께서 핸드폰값을 물어야 했다. 그 당시 최신 핸드폰 은 정말 비쌌다. 100만 원은 훌쩍 넘었던 기억이 난다. 학교에서 회의를 했다. 담임 선생님의 책임도 있지만, 그렇게 담임이 혼자 다 덮어쓰면 누가 무서워서 핸드폰을 걸을 수 있냐며 학교의 책 임을 묻는 선생님도 계셨다. 어쨌든 결론은 담임이 절반 이상 비 용을 대고, 나머지 돈은 십시일반 교사들이 걷었던 기억이 난다. 학교에서는 어떤 책임도 져주지 않았다. 우린 너무 비참했다.

시간이 갈수록 옆 반 선생님의 얼굴은 사색이 되어갔다. 왜 냐하면 그 반은 그 후에도 사건·사고가 끊이지 않았기 때문이 다. 하지만 내색하지 않으셨다. 그때 나 역시 우리 반 학생의 부 모로부터 폭언과 협박에 가까운 말들을 들으며 지쳐가고 있었 다. 나 자신에게 화가 나고, 자책하게 되는 순간들이었다. 하지 만 나도 내색하지 않으려 노력했다.

그 선생님도 나도 자신의 힘듦을 쉽게 드러내지 못했다. 그 것을 드러내는 순간, 무능력한 담임, 무력한 선생님이 되어버리 기 때문이다. 학급에 문제가 생기면, 담임이 운영을 제대로 못

해서, 담임의 능력이 없어서 그렇다고 생각하기 쉽다. 내가 능력이 없어서 그런가 싶은 생각이 들고, 다른 선생님이 나를 어떻게 볼까 걱정되기도 하는 것이다.

더욱이 수업과 학급 운영에서 나름 교사로서의 내 자부심이 하늘을 찌를 때쯤이었다. 그런 시기에 전혀 의도치 않았던 사건으로 인해, '내가 고작, 이것밖에 안 되는 교사인가?' 싶은 좌절감이 들어 더욱 드러낼 수 없었다. 굉장히 창피하게 느껴졌기 때문이다.

문제 상황이 발생되면, 그동안 내가 어떤 노력을 했는지, 그럼에도 애정을 쏟고, 그 아이들을 얼마나 사랑하려고 애썼는지, 어떻게든 끝까지 보듬으려고 노력했는지는 보이지 않는다. 불거진 그 사건 하나로 인해 능력 있는 선생님과 능력 없는 선생님으로 나누어지기 쉽다. 우리의 이분법적 사고가 이것 아니면, 저것이라는 형태의 2가지로만 판단하게 만들기 때문이다.

하지만 우리의 삶은 단순하지 않다. 각 반에는 크고 작은 문제들이 벌어진다. 다만 선생님들이 드러내지 않기에, 다른 반은 문제가 없어 보이는 것이다. 우리는 힘든 일이 생기면 나한테만 일어나는 일이라 생각한다. 또는 내 능력이 부족해서 생겨난 일이라고 착각하기 쉽다. 하지만 이는 누구에게나 일어날 수 있는 일들이다.

누구에게나 일어날 수 있는 일이라 생각해야, 자신의 힘듦을 드러낼 수 있다. 힘듦을 드러낸다 해도 나는 무능한 담임이 아니라는 스스로의 믿음도 있어야 한다. 그 믿음은 예기치 않게 벌어진 사건 하나로, 교사로서의 능력과 무능력이 결정되리라는 이분법적 사고를 버릴 때 비로소 생길 수 있다. 그래야지만 주변의 선생님들에게 도움을 청하고, 함께 헤쳐나갈 수 있는 방법을 찾을 수 있다.

힘들었던 그해, 내 곁에서 묵묵히 항상 나를 응원해주었던 옆 동료 선생님에게 결국 나는 힘듦을 고백했다. 동료 선생님은 편지로 나의 아픔을 위로해주며, 책을 선물해주었다. 그것은 안준철 선생님의《오늘 처음 교단을 밟을 당신에게》라는 책이었다. 우리는 이 책의 저자와의 만남에 참석하기로 했다. 그곳에서 나는 상처받고 아파하며 힘들어하는 각 지역에서 오신 선생님들을 만날 수 있었다. 모두 저마다의 사연을 가지고 있었다. 나의 힘듦이 작아 보일 정도로 더한 어려움도 있었다.

'나만 그런 것이 아니구나.'
'내 잘못이 아니었구나.'

모든 것이 나에게만, 그리고 내가 잘못해서 생긴 일이라고 생각했다. 하지만 안준철 선생님의 책과 말씀을 통해, 그곳에 있던 수많은 선생님들을 통해 나는 힘을 낼 수 있었다. 아이들 앞에 다시 설 수 있는 용기를 얻었던 것이다.

힘든 일이 있을 때 나만의 문제라고 생각하면, 혼자서는 일어서기 어렵다. 나 혼자만의 문제가 아니라고 생각할 때, 힘들다고 외칠 수 있다. 그리고 일어설 수 있도록 누군가 손을 맞잡아 주어야 한다. 우리는 결코 혼자가 아니다. 그와 같은 아픔을 함께 나눌 수 있는 동료가 있다. 그렇게 서로에게 힘이 되어줄 수 있도록, 선생님들의 커뮤니티를 만들어가야 한다.

이제 마음이 힘든 선생님들에게 그때 내가 받았던 위로와 다시 일어설 수 있는 용기를 드리고 싶다. 더불어, 함께 나눌 수 있는 공간을 만들어가면 좋겠다. 위로와 용기가 필요한 선생님들, 응원과 격려를 보내고 싶은 선생님들 모두, 함께하는 모임이 되었으면 하는 마음이다. 이제 더 이상 우리는 혼자가 아님을, 교사로서의 일체감을 가질 수 있는 커뮤니티(행복한교사연구소, https://cafe.naver.com/teacherlab)를 통해 우리 교육의 희망과 행복을 함께 노래할 수 있으면 좋겠다.

"선생님은 혼자가 아니에요."
"선생님의 잘못이 아니에요."

07 교사로 살아간다는 것의
의미를 생각하라

앨프리드 화이트헤드(Alfred Whitehead)는 이런 말을 했다.

> 보통 교사는 지껄인다.
> 좋은 교사는 잘 가르친다.
> 훌륭한 교사는 스스로 해 보인다.
> 위대한 교사는 가슴에 불을 지른다.

나는 이런 순서를 거쳐가고 있는 것 같다. 2002년 신규 발령을 받았을 때, 나에게는 모든 것들이 낯설고 어려웠다. 요즘은 업무 능력이 뛰어난 신규 선생님들이 많으신데, 그 당시의 나는 의욕만 앞설 뿐 모든 것이 어설펐다. 공부만 하다가 처음 해본 사회생활은 힘들기도 했지만, 설레고 재미있었다. 특히 2002년에는 우리나라에서 월드컵이 열렸던 때라, 선생님들과 다 함께 모여 축구 경기를 보며 "대한민국~!"을 외치기도 했다.

그해 발령받은 동기 10명은 나와 비슷한 나이에 모두 여자였다. 그러니 얼마나 죽이 잘 맞았겠는가. 서로의 힘든 이야기를 들어주고, 각자 자기 반 아이들의 이야기를 하느라 시간 가는 줄 몰랐다. 지금은 코로나19로 인해 너무 먼 기억이 되어버렸지만, 그때는 학교에서 회식도 많았다. 처·총 모임이라 해서 처녀, 총각들 모임도 있었다. 신규 선생님들끼리의 맥주 모임은 정말 너무나 즐거웠다. 물론 그런 술자리에서도 대부분 수업과 학생들에 관한 이야기였지만, 신규였기에 그러한 것들이 설레고 즐거웠다.

학교에서는 아이들의 생활지도와 업무만으로도 정신없고 바빴기에 항상 집에 가서 수업 준비를 해야 했다. 그런데 아무래도 회식이 있는 날은 시간이 부족했다. 과학은 일주일에 4차시여서, 하루에 1개씩 준비하면 4번을 준비해야 하는 상황이었다. 거의 매일 해야 하는 것이다. 물론 주말에 수업을 준비하기도 했지만, 하루살이처럼 해야 하는 날도 많았다. 수업 준비라는 것이 시작 '땅' 하면 바로 되는 것이 아니기 때문이다. 머리를 싸매고 몇 시간씩 생각해도 마땅한 수업 구상이 떠오르지 않던 시절이었다.

나름 학교생활과 회식을 적절하게 잘 해내고 있었는데, 정말 딱 한 번, 등에서 식은땀이 줄줄 날 정도로 힘든 수업이 있었다. 회식하고 집에 와서 준비하려고 했지만, 깜박 잠이 들어버린 것이다. 생방송처럼 다음 날 당장 수업을 해야만 했다. 지금 생각해보면, 문제 프린트라도 가져가서 풀어주었으면 좋으련만, 그땐 그런 요령도 없었다. 수업을 하긴 했는데, 나도 내가 무슨 말을 하고 있는지 몰랐다. 그 단원의 내용이 파악되지 않아 교과서를 슬쩍슬쩍 훔쳐보듯이 읽는 것이 다였다. 그렇게 어찌어찌 45분 수업을 끝내기는 했다. 하지만 쥐구멍에라도 들어가고 싶을 정도였다.

그 이후 쉽고 즐거운 수업을 위해 많은 노력을 기울이면서 좋은 교사가 되어갔다. 아이들은 나에게 '과학을 잘 가르치는 선생님'이라는 명예를 안겨주었다. 어렵고 재미없는 과학을 쉽고 즐겁게 수업하려 했던 나의 노력을 아이들은 '잘 가르친다'로 인정해주었던 것이다.

그러던 중, 나는 교감이나 교장과 같은 관리자의 길을 준비할 것이냐, 평교사로 남을 것이냐 하는 인생의 갈림길에 놓이게 되었다. 거기에서 제3의 길인 나만의 꿈이 만들어졌다. '우리 교육의 희망과 행복을 주는 사람이 되고 싶다'는 것이다. 지금의 교육제도에서 아이들에게 어떤 희망을 줄 수 있을지 깊이 있게 고민하게 되었다. 그 과정에서 탄생한 것이 인문학의 가치를 융합한 과학 수업이었다. 과학 개념에 인문학의 책 내용을 발췌해서 '자존', '성공', '자아', '꿈'에 대한 이야기를 나누었다. 아이들에게 남들이 가는 하나의 대열로만 쫓아가지 말고, 자신이 원하고 꿈꾸는 너의 길을 가라고 말해주고 싶었다.

내가 관리자도 평교사도 아닌, 내가 가고 싶은 나만의 길을 찾은 것처럼 말이다. 처음엔 나도 남들과 같은 길로만 가야 한다고 생각했다. 하지만 내 마음을 깊이 들여다보니, 난 관리자의 길을 원하지 않았다. 내가 진정 원하고 바라는 길은 우리 교육의 희망과 행복이라는 것도 알게 되었다. 내 삶의 경험을 통해, 남들에게 좋아 보이는 길이 아닌, 진정으로 자신이 원하는 각자의 길을 찾아가라고 아이들에게 말해주고 싶었다. 자신의 꿈을 향해 나아가는 것, 그것이 내가 우리 교육의 희망을 노래할 수 있는 방법이라 생각했다.

스스로 당당하게 설 수 있는 '자존'과 각자의 '성공'의 의미, 자신만의 '꿈'을 찾아갈 수 있는 힘을 그들에게 주고 싶었다. 가치 융합 과학 수업이 끝나고, 대자보 형태로 아이들에게 편지글을 써서 각 교실에 붙여주었다. 나의 편지 내용을 읽고 손 편지 답장을 준 친구가 있었다. 거기에는 이런 글이 있다.

"특히 '인문학과 과학을 융합한 수업'을 하실 때, 정말 많이 놀랐어요. 저는 사실 중학교 때는 책을 거의 읽지 않았어요. 그런데 입학 전부터 엄마의 권유로 조금씩 책을 읽게 되었어요. 특히 엄마께 영향을 많이 받게 된 것이 '자기계발서' 독서였어요. 자기계발서를 몇 권 읽으면서 저도 처음 '인문학'이란 걸 접하게 되었고, 조금씩 더 알아가고 있던 시기에 선생님이 딱 그 수업을 해주셔서 너무 행복했던 시간이었고, 정말로 '선생님'이시구나라고 느꼈어요. 말씀들이 정말 감사히 느껴졌어요. 이런 수업을 해주시는 분이 또 계실까. 정말 감사드려요. 선생님께 많은 것을 배웠습니다. 선생님께서 저에게 자극을 주셨던 것 같아요. 이렇게 끝없이 계속 새로운 것을 시도하시고, 학생들에게 좋은 자극을 주시는 선생님이 부럽습니다. 사랑하고, 존경합니다. 선생님."

　나의 경험으로부터 나오는 말과 행동은 내가 예상했던 것보다 아이들에게 더 큰 영향을 미친다는 것을 알게 되었다. 그렇게 스스로 먼저 해 보이려는 노력을 기울이며, 5년 동안 '자존'과 '꿈'에 대해 아이들과 이야기를 나누었다. 그리고 매해 과학 개념에 인문학을 연결해 수업하면서 이런 이야기를 자주 해주었다.

　"네가 원하는 대로, 생각하는 대로, 말하는 대로 삶을 만들어 갈 수 있단다."

　"남들의 기준이 아닌 네 삶에서 너만의 기준을 정하고, 너의 꿈을 꾸며 그 꿈을 향해 나아가렴."

하지만 아이들은 믿지 않았다. 아니 오히려 "인생이 원하는 대로 이루어지면 얼마나 좋겠어요?", "꿈을 꾸는 게 더 어려워요", "그냥 좋은 고등학교, 대학교 가서 직장 잘 들어가는 것이 나아요"라고 말했다.

그래서 난 꿈을 꾸고 그 꿈을 이루어나가는 모습을 나의 삶을 통해 보여주기로 마음먹었다. 이 땅의 선생님들이 조금 더 행복할 수 있도록, 그 방법을 알려드리기 위한 길을 떠나기로 한 것이다. 결국 선생님이 행복해야 아이들도 행복할 수 있기 때문이다. 그것은 또한 우리 교육의 희망과 행복을 전할 수 있는 길이기도 하다. 그래서 아이들에게 말했다.

"선생님은 이제 나의 꿈을 펼치기 위한 준비를 하고, 다른 선생님들 앞에 서게 될 거야."

복도에서 교무실에서 만난 아이들은 그런 나를 응원해주었다.

"선생님, 응원해요. 선생님의 꿈을 꼭 이루길 바라요."
"꿈을 이룬 선생님의 모습을 제가 어디에서 다시 뵐 수 있을까요?"

그렇게 열여섯의 어린 친구들이 마흔다섯인 나의 삶과 꿈을 응원해주었다. 지금 걷고 있는 이 길은 나 혼자만의 길이 아니다.

나와 꿈에 대해 이야기 나누었던 그 수많은 아이들과 함께 걷는 길인 것이다. 난 그 아이들에게 내 삶을 통해 보여주어야 한다.

"얘들아, 봐봐. 내가 꿈꾸는 원하는 삶을 만들어갈 수 있어."

그들의 가슴에 불을 질러주어야 한다. 꿈을 이룬 나의 모습은 또 다른 누군가의 꿈이 될 테니 말이다. 그럼, 나는 위대한 교사가 되어 있을지도 모른다.

교사는 아이들의 성장을 직접적으로 도울 수 있는 존재다. 그렇게 아이들만 성장한 줄 알았는데, 그 속에서 나도 커가고 있었다. 내가 아이들의 성장에 영향을 주고, 또한 그 아이들은 나의 성장에 영향을 주었다.

이제껏 내가 교사로서 살아온 의미는 나라는 한 인간의 성장이다. 보통의 교사에서 좋은 교사로, 스스로 해 보이는 교사에서 위대한 교사로의 끊임없는 한 인간의 성장인 것이다. 앞으로도 내가 교사로서 살아간다는 것의 의미 또한 '함께 성장'한다는 데 있지 않을까 싶다. 우리가 교사로 살아간다는 것의 의미를 찾을 때, 선생님의 자존감은 더욱 높아질 것이다.

4장

행복한 선생님이 되는
마음의 기술 8가지

01   비유와 스토리텔링 이용하기

교과마다 학문의 특성이 다르다. 같은 교과라 하더라도 단원마다 지도할 수 있는 방법 또한 다양하다. 1~2가지 교수법으로 수업할 수 없는 것이다. 시대를 초월해 대부분의 교과에서 가장 강력하게 활용할 수 있는 교수법은 무엇일까? 나는 비유와 스토리텔링이라고 말하고 싶다. 이 2가지는 어려운 교과 내용을 보다 쉽고 재미있게 전달할 수 있는 도구이기 때문이다.

비유의 사전적 의미는 '어떤 현상이나 사물을 직접 설명하지 아니하고, 다른 비슷한 현상이나 사물에 빗대어 설명하는 일'을 말한다. 나는 과학 교과에 비유를 많이 사용한다. 과학 개념에는 눈에 보이지 않는 현상이 많기 때문이다. 눈에 보이지 않는 것을 설명하는 것은 쉽지 않기에 눈에 보이게 만들어줄 때 비유를 사용하는 것이다.

과목마다 비유를 사용할 수 있는 사례가 다르겠지만, 나 같은 경우 포화 수증기량을 설명할 때 비유를 사용한다. 포화 수증기량은 '포화상태의 공기 1m³에 들어 있는 수증기의 양'을 말한다. 포화상태라는 말도 어렵고, 수증기량 개념도 사실상 어렵다. 더욱이 수증기는 눈에 보이지 않으며, 공기 중에 수증기가 존재한다는 것도 아이들은 생각해본 적 없다. 이런 경우, 과학 용어를 직접적으로 바로 설명하면, 학생들은 과학 수업을 너무 힘들어한다. 그래서 친근한 비유를 먼저 사용하는 것이다. 처음 도입 부분부터 질문을 한다. 아주 포괄적이고 생뚱맞게 물어보는 것이다.

"선생님은 몸에 뭘 가지고 있거든. 그게 뭘까?"
그럼 별게 다 나온다. 그중에 이런 답도 있다.
"뱃살이요!"
물론 맞는 말이다. 그래서 모든 말을 인정해주고, 선생님에게는 여러 가지 장기 중에 위가 있다고 말해준다. 그 후, 칠판에 그림을 그려서 선생님의 위라고 이야기하며 선생님은 햄버거를 아주 좋아한다고 말한다. 몇 개까지 먹을 수 있는지 문제도 낸다. 7개까지 먹을 수 있다고 말해주고, 자석을 붙여둔 미니 햄버거 젤리를 꺼내 칠판에 붙이기 시작한다.

그다음, "7개까지 먹을 수 있는데 7개를 다 먹어서 배가 부른

상태를 뭐라고 할까?"라고 물어본다. 그럼 분명 아이들 중에 '포
만감'이라는 단어를 대답하는 친구들이 있다. 포만감은 '가득 채
워진 상태'를 말한다. 포만감처럼 포화상태도 가득 채워진 상태
를 의미한다고 알려준다. 일단 1단계로 포화상태라는 개념의 진
입장벽을 낮춰주는 것이다. 그다음 우리가 위 속에 햄버거를 채
울 수 있듯이, 공기 안에는 수증기를 채울 수 있다고 말해준다.
위는 공기, 햄버거 젤리는 수증기로 비유된다. 그리고 위에도 크
기가 있듯이 공기의 크기는 $1m^3$라고 알려준다. 선생님 위 속에
햄버거를 최대로 채울 수 있듯이, $1m^3$ 공기 안에 최대로 채울 수
있는 수증기의 양이 포화수증기량이 되는 것이다.

이 한 줄의 개념은 교사에게는 너무나 당연하고 어려운 내용
도 아니다. 하지만 선생님들이 잊고 있는 것이 있다. 그건 우리

의 올챙이 적 시절이다. 분명 우리도 올챙이 적 시절이 있었다. 교과의 개념 하나하나를 처음 받아들일 때 굉장히 어려웠을 것이다. 지금은 개념을 자주 접하고 여러 번 설명하다 보니, 별것이 아닌 것이 되어버렸다. 그래서 자꾸 개구리 올챙이 적 생각을 하지 못한다. 물론 이렇게 간단한 것을 길게 설명해야 하나 싶을 수 있다. 또한 비유에는 문제가 있다. 오개념을 가질 수 있기 때문이다. 그렇기에 비유를 들어준 과학 개념은 다른 친구에게 직접 설명해보게 해야 한다. 하지만 비유 없이 바로 어려운 과학 개념이나 용어부터 설명했다면, 학생들은 이미 마음의 문을 닫아버린다. 재미없고 어려운 과학이라며 수업 듣는 것을 막상 포기해버리는 것이다.

내가 쓴 비유의 사례 자체가 중요한 것은 아니다. 교과마다 상황이 다르기 때문이다. 여기서 말하고자 하는 것은 교사가 쉽다고 생각하는 용어나 개념, 원리들이 아이들에게는 어려울 수 있다는 것이다. 아이들이 어려워할 것 같은 내용을 직접 이해시키기보다는 조금 더 쉽게 비유할 수 있는 것들을 찾아봐도 좋을 것이다.

비유보다 훨씬 더 막강한 것은 스토리텔링이다. 스토리텔링은 초등, 중등, 고등까지 어떤 교과를 막론하고 거의 다 쓰일 수 있는 방법이기 때문이다. 개념을 쉽게 전달하기도 하지만 스토리텔링만이 갖는 멋짐이 있다. 스토리텔링은 감정을 흔들 수 있다.

예전에 한 고등학교에서 열용량을 가르칠 때, 공식을 가르쳐야 했다. 열용량의 공식은 $Q=c \times m \times \Delta T$였다. 물론 왜 이런 공식이 나오는지 실험을 통해서 알 수 있다. 그 이유를 탐구를 통해 알아본다. 하지만 그것만으로는 즐거운 수업이 되기에는 뭔가 부족했다. 그래서 공식이 왜 이렇게 나올 수밖에 없는지 알려준다. 짧은 두 줄의 글을 써준 것이다.

"화끈화끈 두근두근 사랑의 열병으로 얻은 <u>열의 양만큼</u>, 그의 가슴은 딱딱한 돌처럼 차디차게 굳어져 <u>시멘트</u>가 되었네."

열병으로 얻은 열의 양만큼(딱 내가 사랑한 만큼)의 마음이 굳어져 시멘트가 되는 것이다. 여기서 열의 양은 열용량이고, 시멘트가 $c \times m \times \Delta T$이다. 그래서 열용량은 시멘트다. 짝사랑하다 고백했는데 거절당한 마음을 노래한 것이다. 또는 이별의 아픔을 말한 것이다. 그럼 아이들의 마음은 이미 자신의 경험에 의해 공식에 동화된다.

사실 뭐 공식과 그다지 연관이 없을 수 있지만, 딱딱한 과학 교과에도 감성이 있을 수 있음을 알려주고 싶었다. 그래서 될 수 있으면 다양하게 스토리텔링을 사용한다. 구름 생성 원리를 배우고 나면 그 원리를 이용해 시를 짓기도 한다. 과학 개념이 시 안에 녹아들어 가는 것이다. 사실상 스토리텔링은 아이들이 참 좋아하고 반응도 좋다. 그중 인상 깊었던 것이 하나 있다.

지각의 구성에서 변성암을 가르쳐야 했다. 변성암은 열과 압력으로 인해 성질이 변해서 만들어진 암석이다. 열과 압력을 받으면 사암은 규암이 되고, 석회암은 대리암이 된다. 세일은 편암, 편마암으로 화강암은 편마암으로 성질이 변해 변성암이 되는 것이다. 물론 암석도 관찰하고, 어떤 원리로 인해 변하는지 설명한다. 하지만 내가 봐도 너무 재미없는 내용이었다. 이 수업을 즐겁게 하고 싶었지만, 도통 생각이 나지 않았다. 그런데 스토리텔링을 이용하자 생각지도 못한 일이 생겼다. 수업시간에 아이들에게 유명한 시조인데, 혹시 알고 있느냐며 칠판에 적어주었다.

"사　석　세　화"
　↓　　↓　　↓　　↓
　규　대　편편　편

'사규 석대 세편편 화편'이라

사암 규암되고, 석회암 대리암 되니
세일 편(마)암, 화강암 편마암이라
암석이 열·압력 받아 성질이 변화하니,
우리는 열·압력 받지 말고 행복하게 살자꾸나 : 주제문장

여기서 열·압력을 외부의 스트레스라고 생각해보라고 했다. 딱딱한 돌마저도 열·압력(스트레스)을 받으면 성질이 변해 다른 암석이 되는데, 사람은 오죽하겠냐고 말한 것이다. 스트레스 호르몬인 코르티솔 호르몬에 대해서도 알려주었다. 스트레스를 덜 받으려면 아침에 물도 마시고 아침식사도 하며, 낮에 햇빛 쐬는 것이 좋다고 말해주었다.

무엇보다 스트레스를 받으면 목덜미를 잡고 "사규석대세편편화편"을 외치며 "그럴 수 있어"라고 크게 외치라고 말했다. 그러고 나서 반 아이들과 다 함께 목덜미를 잡고 외치는 연습을 했다. 화가 날 때 '괜찮아', '이유가 있을 거야'라고 외치다 보면, 사람의 품격까지 달라진다고 말해주었다.

그 수업 이후 어느덧 '사규석대세편편화편'은 옆 반의 급훈이 되어 있었다. 의미는 주제 문장처럼 '1년 동안 스트레스 받지 말고 행복하게 살자꾸나'다. 그 반 친구들은 졸업할 때까지 종종 급훈 이야기를 했다. 스토리텔링은 아이들이 좋아하는 교수법이기도 하지만, 감정을 건드릴 수 있는 막강한 그 무엇이다. 선생님들이 수업을 구상할 때, 비유와 스토리텔링을 잘 이용한다면 생각지도 못한 멋진 수업이 될 수 있다.

02   수업 때 학생들의
상상력을 자극하라

　　서울의 한 유도 동호회의 A는 빛나는 눈빛, 다부진 몸매에
의욕적인 모습을 보인다. 20대 정도의 모습이지만 실제는 서
른일곱 살의 평범한 직장인이다. 그는 새벽 5시 30분에 하루
를 시작한다. 뉴스 채널 텔레비전이 자동으로 켜지고, 밤새 내
려둔 더치커피를 마신다. 상큼한 드레싱이 뿌려진 닭가슴살
샐러드로 아침식사를 대신하고, 6시 30분쯤 회사로 출근한다.
정상 출근 시각은 9시 30분이지만 일찍 도착해 하루의 시작을
열고, 시간 가는 줄 모르고 일을 한다. 퇴근하면 회사 근처 헬
스장에서 운동을 시작한다. 10시쯤 집으로 들어와 하루를 마
무리한다. 책을 읽고 취침 시각 12시 전까지 관련 공부를 하다
잠이 든다. 일요일 유도 동호회에 참석해 신나게 운동하는 그
의 모습은 벌써 6년 전부터 계속된 습관이었다.

보통 사람들은 며칠 안 가서 쉽게 좌절될 계획들을 아무렇지 않게 완수할 수 있었던 비결은 무엇일까? 알면 알수록 신기했다. 더군다나 그는 그렇게 사는 것이 너무 재미있다고 했다. 그 이른 시각에 일어나서 운동하고 공부하는 것이 그에게는 억지가 아닌, 기꺼이 하고 싶은 ○○적인 행동이었던 것이다.

여기서 "○○은 무엇일까?"를 질문한다. 아이들은 한껏 상상의 나래를 펴고 있다. 그렇게 살기 힘들다느니, 그게 좋은 것만은 아니라느니, 암튼 다양한 의견도 나온다. 그런 와중에 ○○에 초점이 맞춰진다. 도대체 뭘까? 결국 ○○의 답은 '자발'이다. 남들은 며칠 하기도 어려운 것을 척척할 수 있는 것은 스스로의 '자발적 행동'이기에 가능했던 것이다.

예전, 고3 수업에서 내가 아이들에게 읽어준 기사였다. 수업과 전혀 관계없어 보이는 이야기일 수 있지만, 이 내용을 언급한 데는 2가지 이유가 있다.

첫 번째는 아이들이 한 번쯤 생각해보기를 원했다. 이제 곧 졸업을 하고 스스로의 인생을 살아갈 아이들이 자발적인 행동으로 만들어갈 자신의 모습을 말이다. 다소 이상적으로 보이는 삶의 모습일지라도 상상해보기를 바랐다.

두 번째는 ○○에 대해 생각해봄으로써, 화학 반응에서 자발적 변화를 판단하는 깁스 자유 에너지에 대한 호기심을 갖기를 바랐다. 일상에서는 어떤 것이 자발적인 행동이고 비자발적인 행동이 되는지, 사람마다 조건에 따라 달라질 수 있음을 이야기 나누었다. 이처럼 화학 반응에서도 자발적 반응과 비자발적 반응이 있음을 언급하기 전, 도입 부분에서 함께 이야기를 나눈 것이다. 또는 중학교 수업에서 이런 시를 들려주기도 한다.

별도 별마다 크기가 다르고
밝기가 다르고, 색깔이 다르다고 합니다.
알려진 바로는 빨간빛의 별
노란빛의 별, 파란빛의 별, 하얀빛의 별이 있다고 합니다.
그럼 혹시 까만 빛을 띤 별은 없는 걸까?
그래서 사실은 있는데….
우리 눈에만 안 보이는 것은 아닐까?

-《광수 생각》

"혹시 여러분 중에 별빛 색이 까만색이어서, 여러분이 별임에도 자신이 별인지도 모르는 것은 아닐까?"하고 이야기해준다. 별의 표면 온도에 따라 별의 색이 달라지는 것을 배울 때 도입에서 말해주는 것이다. 물론 왜 온도에 따라 별의 색이 달라지는지 과학적인 이유도 말해준다. 이야기를 통해 밤하늘도 떠올려보고, 자신의 별은 무슨 색깔인지도 생각해본다. 아직은 자신의 별빛 색이 까만색이어서 잘 보이지 않을지라도, 너희들은 사실상 곧 빛나게 될 별일지도 모른다는 이야기도 들려준다.

중학교 3학년 아이들은 시험이 끝나고 나면 세상이 다 끝난 것 같은 학습 태도를 보이곤 한다. 졸업까지 약 한 달 정도나 남았는데, 자체적으로 공부 파업을 선언하는 것이다. 이 시기는 교과 진도를 나가기도 참 어렵다. 이때쯤 광섬유 조명등을 만들었다.

그런데 원형 용기가 지니의 요술램프 같은 느낌이 들었다. 아이들에게 이 조명등은 여러분이 원하는 소원을 들어주는 지니의 요술램프라고 말해주었다. 자신이 이루고 싶은 꿈이나 소원을 원형 용기에 쓰거나 예쁘게 꾸미면 이루어질 수 있다고 말했다. 대신 선생님의 주문이 담긴 고흡수성 수지(일명, 개구리알)를 넣어야 효력이 있다는 것도 알려주었다. 환경적인 측면에서 개구리알을 좋아하지 않지만, 이날은 극적인 효과를 위해 넣어주었다.

아이들은 처음에는 반신반의하며 유치해하는 듯했지만, 곧 졸업을 하고 고등학교 입학을 앞둔 시점이라, 어느덧 자신이 원하고 바라는 것을 진지하게 생각해보는 듯했다. 그리고 정성스럽게 꾸미기 시작했다. 램프를 다 꾸민 친구들은 교탁 앞으로 1명씩 나오라고 했다. 아이들이 나오면 그 자리에서 투명한 개구리알에 주문을 걸어주었다.

"네가 원하는 대로, 바라는 대로 모든 것들이 이루어진다."

이미 물에 넣어 불려놓은 개구리알에 주문을 건 후, 아이들의 요술램프에 조금씩 넣어주었다. 아이들의 표정은 사뭇 진지하기도 하고, 웃음을 띠며 좋아하기도 했다. 그리고 스스로도 정말 이루어졌으면 하는 바람을 담는다. 어떤 아이들은 이미 받았지만, 다시 교탁 앞으로 나와 주문이 걸린 개구리알을 조금 더 넣어달라고 했다. 그만큼 간절했던 것이다.

《오늘 처음 교단을 밟을 당신에게》에는 이런 글이 있다.

나는 선생님이
행복했으면
좋겠습니다

"사막이 아름다운 이유는 그 어딘가에 우물을 감추고 있기 때문이다. 내가 열 번도 더 읽은 생텍쥐페리의 어린 왕자에 나온 말이다. 교사는 그 어딘가에 상상력의 우물을 숨기고 있을 때 아름답지 않을까?"

어쩌면 과학 교과는 딱딱한 이론이고 원리라 생각할 수 있다. 아니, 모든 교과의 내용이 교과서에 들어가는 순간 그렇게 느껴질 수 있다. 사막처럼 건조하고 풀 한 포기 자랄 것 같지 않은 메마른 학문이 되어버리는 것이다.

하지만 이렇듯 딱딱한 이론과 메마른 학문에서도 상상의 힘은 중요하다. 그 이유는 지금 존재하고 있는 모든 것들이 처음부터 존재했던 것은 아니기 때문이다. 예를 들면 배나 비행기, 로켓이 처음부터 있었던 것은 아니다. 그것은 누군가 바다로 나가고 싶다는 마음에서 시작한 것이다. 또는 하늘을 날고 싶다는 동경과 달나라와 우주에 가고 싶다는 상상이 현실로 만들어낸 것이다. 오늘날 현대 사회의 발전은 결국 누군가의 상상력에 의해 만들어졌다. 그와 같은 상상의 힘이 없었다면, 현재의 모든 물체는 존재하지 않았을지도 모른다.

전혀 수업과 상관없어 보일지라도, 지금은 존재하지 않기에 불가능해 보이더라도, 상상은 현실이 될 수 있기에, 아이들의 상상력은 무척이나 중요하다. 사막의 어딘가에 우물을 감추고 있어 사막이 아름답듯이, 교사는 아이들을 위해 그 어딘가에 상상력의 우물을 숨기고 있어야 한다.

03   버럭 화를 내도
미운 감정을 가지지 마라

"그것은 위기 때마다 나에게 도움을 주는 두 가지 생각 때문
이었다. 하나는 아이의 잘못된 행동이 그 아이에게서 비롯된
것이 아닐 수 있다는 것. 그리고 미움은 누구에게도 도움이 되
지 않는다는 것. 그런 생각을 오랫동안 마음에 새기다 보면 아
이에 대한 미움을 비껴갈 수도 있다."

《오늘 처음 교단을 밟을 당신에게》의 문장이다.

담임을 할 때 아이들이 자신만 생각하는 모습이 이기적이라
고 느껴질 때면 가슴이 아파온다. 어떤 해에는 정말 노력했지만,
한 여학생이 무리에서 떨어져 나왔다. 6명 정도가 함께 다녔는
데, A 학생만 무리에서 나오게 된 것이다. 몇 번 대화의 자리를

마련했지만, 오히려 A 학생이 그 무리로 돌아갈 생각을 하지 않았다. 그러다 보니 여러 번 대화의 자리를 만들어도 진전이 없었다. 결국 A 학생은 혼자 다니게 되었다. 담임으로서 혼자 다니는 아이는 마치 깨물린 손가락처럼 못내 아프다. 그러던 중, 외부로 현장체험학습을 나가게 되었다. 아이들이 함께 가고 싶은 친구들과 모둠을 했으면 좋겠다고 했다. 하지만 그렇게 되면 분명 A 친구는 모둠 구성이 안 될 것이 뻔했다. 난 모둠을 다시 짜야 한다고 말했다.

이 말을 들은 몇몇 아이들이 교실에 돌아가 "누구 때문에 이렇게 되었다. 왜 우리가 쟤 때문에 다시 모둠을 짜야 하나?"면서 A 친구 들으라는 식으로 크게 말했다. 그 일을 전해 들었을 때, 정말 머리끝까지 화가 났다. '아이들이 어쩌면 이렇게 이기적일 수 있을까?' 그 아이는 혼자였기에 일 대 다수인 상황이었다. 그런데 '어떻게 혼자인 친구에게 그런 말을 할 수 있을까?' 싶어 아이들에게 실망감이 들었다. 우리 학급의 공동체성을 믿었던 만큼 너무나 큰 배신감도 들었다.

바로 교실로 쫓아가서 큰소리를 지르며, 내가 얼마나 화가 났는지 당장 보여주고 싶었다. '어쩜 그렇게 다들 이기적이냐! 너희들은 여럿이지만 그 친구는 혼자이지 않니? 그런 친구에게 어떻게 이렇게 상처를 줄 수 있어?'라고 말하고 싶었다. 학급에서 혼자인 것만으로도 A 친구는 나에게 아픈 손가락이었기 때문이다. 하지만 이때 정말 조심해야 하는 것이 있다. 결국 남은 학생들도 나의 아이들인 것이다. 학급에서 왕따나 은따, 자발적이든 타의든 무리에서 떨어져 나온 아이를, 다른 친구들과 연결시켜주려는 선생님들은 쉽게 마음의 상처를 받는다. 그 아이와 함께하기를 거부하는 다른 친구들의 모습이 이기적으로 느껴지기 때문이다. 또는 자신 앞에서는 "네" 하고 대답한 후, 뒤에서 은근히 따돌리는 아이들을 보면 배신감에 화가 치밀어 오르기도 한다. 그 순간은 나 역시 그랬다.

하지만 오랜 경력이 쌓이다 보니, 화가 날 때는 아이들 앞에 바로 서는 것이 좋지 않다는 것 정도는 알게 되었다. 그런 감정을 가지고 반 앞에 서서 전체적으로 혼내봤자, 아이들은 자신이 무엇을 잘못했는지 느끼지 못하기 때문이다. 서로 기분만 나빠지고 오히려 A 친구를 더 탓하게 된다.

어느새 난, 내 감정을 다스리려고 노력했고, 이 부분을 어떻게 해결할까를 고민하기 시작했다. '왜 아이들이 모둠 짜는 것을 그토록 싫어할까?'라는 질문에 대한 답을 찾았다. 내가 내린 결론은 그것이 인간으로서 당연한 본능이라는 것이었다. 제비뽑기 등의 방법으로 친하지 않은 친구와 먼 거리를 함께 갈 경우, 그들도 마음이 편치 않았던 것이다. 인간관계에 더 많은 자신의 에너지를 써야 한다. 아이들 입장에서 친한 친구와 즐겁게 가고 싶은 것은 어쩌면 너무나 당연한 마음이었다. 불편한 마음

없이 조금 더 즐겁게 먼 거리의 체험학습 장소까지 오가고 싶었던 것이다. 그 마음은 사실 어른들도 마찬가지다.

하지만 학급에 혼자인 친구 없이 모든 아이들이 모둠에 속하기를 바랐다. 친하지 않은 친구끼리도 이번 기회에 친해지는 계기가 되었으면 했던 교사로서의 욕심이 있었던 것이다. 사실 이런 문제는 어느 쪽에 무게를 두느냐에 따라, 선생님들마다 해결방법이 달라질 수 있다. 아이들의 생각도 교사로서의 내 생각도 양쪽 모두 중요하기에, 이런 경우는 참 어려운 상황이기는 하다.

어쨌든 난 인간적으로 아이들을 이해하게 되었다. 그러자 치밀어 올랐던 화와 아이들에게 느낀 배신감으로 미워지려는 마음을 어느 정도 누그러뜨릴 수 있었다. 하지만 화와 미움을 가라앉혔다 해도 그냥 넘어갈 수는 없었다. 아이들이 혼자인 친구를 조금이라도 더 배려할 수 있도록 지도해야 했다. '그럼 어떻게 깨우칠 수 있도록 해줄까?'에 대한 방법을 찾기 시작했다.

그때 생각난 것이 우분트(Uubuntu)였다. 우분트는 '우리가 함께 있기에 내가 있다'라는 말이다. 아프리카 부족을 연구하던 한 인류학자가 아이들을 모아놓고 게임을 제안했다. 멀리 떨어져 있는 바구니까지 제일 먼저 뛰어간 아이에게 그 바구니의 과일을 모두 주겠다고 한 것이다. 그러자 아이들이 서로의 손을 잡고 다 함께 뛰어갔다. 이상하게 생각한 인류학자가 물었다.

"1등에게 다 준다고 했는데, 왜 같이 손을 잡고 뛰어갔니? 1등 하면 혼자 다 가질 수 있는데?"

"우분트, 다른 아이가 슬픈데 어떻게 나만 기쁠 수가 있겠어요."

5분 정도의 우분트 영상을 보여주고, 큰 소리로 화난 듯이 말했다.

"선생님이 슬프면, 너희들 마음은 어떠니? 선생님이 슬픈데 여러분은 기쁠 수 있겠어요?"

"누가 되었든 우리 반 친구 중에 단 1명이라도 가슴이 아프면 선생님의 마음은 슬프고, 선생님이 슬픈데, 여러분이 어떻게 기쁠 수 있겠어요?"

"우리가 함께 있기에 내가 있는 거죠. 우리 반은 하나의 공동체이니까요."

다행히 아이들은 나의 말에 반항하거나, 쭈뼛대는 모습을 보이지 않았다. 그 순간은 숙연해졌다. 사실 반 아이들과 난 관계가 좋은 편이었다. A 학생을 직접적으로 언급하기보다 우리 반 누가 되었든 그로 인해 선생님이 슬픈데, 어떻게 여러분이 기쁠 수 있겠냐고 말한 것이다.

그 이후 부작용이 일어나긴 했다. 아주 작은 먹을 거 하나만 생겨도 아이들끼리 우분트를 외치기 시작했다. 이렇게 혼자 먹으면 슬퍼서 어쩌냐, 반 친구들이 다 함께 먹어야 한다며 노래를 부르고 다녔기 때문이다.

　이런 부작용과 함께 결국 '우분트'는 다른 이의 아픔과 슬픔을 남의 일처럼 보지 말고 배려할 수 있어야 함을 아는 데까지만 그쳤다. 모둠을 다시 뽑지는 않았던 것이다. A 친구가 자기는 괜찮다며, 오히려 다시 모둠을 정하는 것을 원치 않았다. 나는 A 친구가 홀로 잘 다닐 수 있도록 마음을 보듬어주고 용기를 주며, 뒤에서 챙기는 역할을 했다. 그리고 현장체험학습 날에는 다른 반 친한 친구와 체험학습 장소에 잘 도착했다. 드라마틱하게 A 학생이 처음 무리의 친구들과 다시 친해진 것은 아니다. 하지만 아이들은 A 학생을 조금 더 배려하려고 노력했다. 왜냐하면 누군가 슬퍼지면 선생님도 슬퍼할 것을 알기 때문이다.

　그날 나의 아픈 손가락 때문에 생긴 분노와 배신감으로, 미운 감정을 그대로 들고 들어가 안 아픈 손가락들에게 쏟아냈다면, 그 이후는 어떻게 되었을까? 그 순간에 나는 목소릴 높이고 화가 난 것처럼 말했다. 하지만 단언컨대 내 마음에는 아이들에 대한 어떤 미움도 남아 있지 않았다. 오히려 '어떻게 하면 아이들이 타인의 아픔을 조금이라도 더 공감할 수 있게 할까?' 하는 것만이 중요했다. 아이들이 각자 스스로 마음속으로 깨닫기를 바랐다. 미운 감정을 가지지 말아야 아이들을 진짜 내가 원하는 방향으로 이끌어낼 수 있다. 왜냐하면 미움은 누구에게도 도움이 되지 않기 때문이다.

04 조금은 느긋하게
천천히

"엘리베이터 타면 안 돼요?"

"계단으로 가면 어떨까?"

"왜요?"

"계단을 오르는 게 너를 위한 거니까. 그래서 선생님도 계단
으로 가잖아."

"힘들어요."

"알아."

"근데 왜 계단으로 가요?"

"이 정도 계단은 가뿐히 올라가는 사람이 되려고."

"네?"

"엘리베이터를 타는 사람이 건강해질까? 계단을 오르내리
는 사람이 건강해질까?"

나는 선생님이
행복 했 으 면
좋 겠 습 니 다

"계단으로 다니는 사람이요."

"이걸 모르는 사람이 있을까?"

"아뇨."

"그래. 너 건강해지라고, 나도 건강해지려고, 이 정도 계단쯤
은 가뿐히 걸어 올라가는 우리가 되자고 계단으로 가는 거야."

천경호 선생님의《마음과 마음을 잇는 교사의 말공부》책을
읽는 순간, 탄성이 절로 나왔다. 이런 대화를 하시는 선생님이
계신다는 것에 마음이 따뜻해지고, 가슴이 벅차올랐기 때문이
다. 범접할 수 없는 내공이 느껴졌다. 일대일 대화에서 이런 이
야기를 한다는 건 느긋하게 천천히를 넘어 느림의 미학처럼 느
껴졌기 때문이다. 이 정도의 대화는 말이 아니라 결국 마음인 것
이다. 같은 상황에서 나라면 이렇게 말했을 것이다.

"엘리베이터 타면 안 돼. 계단으로 가렴."

천경호 선생님은 이 짧은 말을 그렇게 천천히 건넨 것이다.
아이들은 많이 어린 듯하지만, 그럼에도 스스로 생각할 때, 더
많은 걸 쉽게 깨닫는다. 자신의 감정을 추스르는 것도 자신의 행
동을 반성하는 것도, 교사의 단정적인 말보다 스스로의 생각과
깨달음이 있을 때 가능하게 된다. 그렇기에 교사가 던지는 질문
이나 동등한 인격체로서의 대화는 중요하다. 문제는 이런 사실

을 잘 알고 있지만, 학교에서 실천하기가 정말 어렵다는 것이다.

　오랜만에 복직했을 때, 조금 놀랐던 사건이 있었다. 공간이 부족했던 우리 학교는 학급에 문제가 생길 경우, 따로 상담할 곳이 없었다. 그래서 문제를 일으킨 학생들을 교무실로 부르곤 했다. 그때 선생님들께서는 아이들을 지도할 때 진술서를 쓰게 했다. 누가 먼저 그랬는지, 언제 그랬는지, 왜 그랬는지, 그래서 자신은 어떻게 했는지를 자세히 쓰게 한다. 물론 모든 선생님들이 그랬던 것은 아니다. 사안에 따라 해결 방법도 달랐다. 하지만 몇 번 그런 장면을 목격했을 때, 그 장면이 나에겐 너무나 이상하게 느껴졌다. 아무래도 내가 옛날 선생이어서, 또는 너무 아날로그여서 그 장면이 이상하게 느껴지나 싶기도 했다. 아이들의 감정을 먼저 보듬어주고 오해를 풀기보다, 진술서를 작성하는 과정이 마치 아이들을 취조하는 것처럼 느껴졌기 때문이다.

　아이들 사이에 다툼이 일어났을 때, 교사의 역할은 누가 더 당하고, 덜 당하고, 누가 더 잘했고, 누가 더 못했음을 판정하는 것이 아니라고 생각한다. 사실 솔로몬의 지혜를 가지고 와도 사건의 시시비비를 가리는 것은 매우 어렵다. 양쪽의 주장이 팽팽하게 맞설 수 있기 때문이다. 그렇게 '네가 더 잘못했네', '네가 덜 잘못했네' 식이 되면, '법대로 하자'가 되어 학교 폭력으로 연결될 수도 있다.

이런 사안은 아이들의 감정이 고조되며 욱해서 싸움이 일어난다. 그 순간 판단이 미숙하면 주먹 싸움이 되기도 한다. 또는 핸드폰 메시지를 통해 서로를 헐뜯고 욕하는 상황이 될 수도 있다. 그럼 선생님은 누가 처음 시작했는지, 사건 내용 일지를 작성하는 데 많은 노력을 기울이게 된다. 하지만 어떤 상황이든 한쪽만의 문제가 아닌, 양쪽의 감정이 고조되어 일어난 일이다. 그 사실을 쌍방이 인정할 수 있도록 하는 것이 중요하다.

사안 처리의 기록의 절차를 떠나, 일단 억울하다는 아이들의 감정을 먼저 다운시켜주는 것이 중요하다. 아이들이 진술서를 쓰고, 교사의 중재에 의해 그 순간은 어떻게든 해결된 것처럼 보일 수 있다. 교사의 입장에서는 빨리 해결하고 싶기 때문이다. 하지만 감정이 풀리지 않으면 여러 가지 문제가 생긴다. 아이들은 감정이 풀리지 않은 상태에서 억울한 마음을 부모님께 자신의 상황에 유리하게 진술하는 것이다. 아이의 말을 들은 부모는 감정이 고조되어 교사에게 되물을 수 있다. 이 경우, 중간에서 다른 아이의 상황을 객관적으로 전하려는 교사의 말을 들으려고 하지 않을 수 있다. 학부모의 감정이 실리게 되면 상대 아이만 감싼다며 담임에게 서운해하거나 자기 아이만 보호하려 들 수 있기 때문이다.

이런 식으로 사안이 진행되면 일이 너무 커지고, 선생님은 어려운 상황에 놓이게 된다. 싸운 두 아이 모두 자신의 반인 경우, 중재를 위해 양측의 입장에서 말해야 하기 때문이다. 하지만 아이나 부모의 감정이 해소되지 않고 그대로 남아 있으면, 담임의 말도 상대의 이야기도 듣고 싶어 하지 않게 된다. 물론 이런 상황 때문에 오히려 진술서를 정확히 작성해 교사의 개입을 최소로 해야 한다고 생각할 수 있다. 하지만 사안에 따라 교사가 아이들의 감정만 잘 보듬어주면, 집에 가서 부모님께 억울함을 말하는 상황이 생기지 않을 수 있다. 아이들 문제에 부모님이 개입되기 시작하면 더 큰 문제로 불거지기 때문이다.

이런 경우 어렵지만, 느긋하게 조금은 천천히 가야 한다. 이는 사안을 축소시키거나, 시일을 미루어서 처리하라는 것은 결코 아니다. 진술서 내용을 토대로 서로 어떤 잘못을 했는지 상기시키며 행동에만 초점을 맞춰 해결하려 한다면, 아이들의 감정은 풀리지 않을 수 있다. 또는 "네가 이러면, 상대의 마음이 어떻겠니?"라고 이야기하며 모든 것을 교사가 정리해서 말하는 것도 위험하다. 감정이 있는 상태에서는 '그럼 내 마음은 왜 신경 안 쓰는데?'가 되어버리는 것이다. 사건의 표면에 드러난 것에만 집중하게 되면, 아이들 내면의 감정을 들여다보지 못한다.

조금 시간이 걸리더라도 교사는 아이 스스로 그 상황에 대해 생각해보게 해야 한다. 아이들이 자신의 감정을 읽어내며, 스스로 다운시킬 수 있도록 해주는 것이 중요하다. 무엇이 자신을 화나게 했는지, 또는 속상하게 했는지 행동 이면의 감정의 원인을 스스로 알게 되면, 아이들의 감정은 어느 정도 사그라들게 된다.

진술서를 작성할 때, '언제, 어디서, 무엇을, 어떻게, 왜'에만 초점을 맞추면 안 된다. 그럼 '화가 나서 ○○했다'로 끝나기 때문이다. 나를 화나게 만든 감정의 원인을 생각해보고, 그런 감정을 느꼈더라도 어떻게 행동했어야 하는지 생각해볼 수 있도록 해야 한다. 이를 위해 천경호 선생님의 말 공부처럼 역으로 천천히 질문해야 한다. 아직은 감정 사용이 미숙한 아이들에게 부정적인 감정을 처리할 때에도 다양한 방법이 있음을 알려주어야 한다. 그 후 일차적으로 감정이 다운되면, '욱'하는 '화난 마음', '억울한 마음'과 같은 감정은 마음속에서 얼마든지 생길 수 있다고 아이에게 이야기해준다. 부정적인 감정을 갖는 것이 나쁜 것은 아니며, 그런 감정을 가질 수 있음도 충분히 공감해준다.

하지만 자신의 감정으로 인해 어떤 행동을 할 때는 그 결과에 대한 책임을 질 수 있어야 함을 깨닫게 해주어야 한다. 폭력이나 욕설, 헐뜯는 것과 같은 행동이 수반된 경우, 그것은 감정을 옳지 않게 사용한 것임을 아주 단호하고 확실하게 알려줄 수 있어야 한다. 부정적인 감정을 느꼈더라도, 좀 더 올바른 행동을 선택할 수 있도록 아이와의 대화를 통해 지도해야 한다.

우리는 판결을 내리는 법관이나 사건을 추적하는 형사가 아니다. 진술서의 내용을 보며 '너 이만큼, 너는 이만큼 잘못했네' 식의 판결이 훨씬 쉬울지도 모른다. 하지만 중요한 것은 그들이 스스로 생각하고 깨닫게 하는 것이다.

아이들이 자신의 감정을 어떻게 받아들이고 다루어야 하는지 알게 하기 위해 우리는 조금 느긋하고 천천히 가야 한다. 아이들은 삶의 과정을 통해 자신의 감정을 조절하고, 같은 감정이라도 다른 행동으로 표현할 수 있음을 배워나가야 한다. 아이들 개개인의 성장을 도울 수 있는 것, 그것은 판사도 형사도 아닌 우리 선생님들의 몫이기 때문이다.

05 주장하지 말고 이해하게 하라

한때 청소년들을 위한 감정 코칭이 엄청난 화두로 떠올랐던 때가 있다. '감정 코칭'은 감정을 포착하고, 그 감정을 들어주고 공감하며, 감정에 이름을 붙여주고 바람직한 행동으로 이끄는 것이라고, 최성애 교수는《청소년 감정코칭》에서 말하고 있다.

조세핀 김 작가의《교실 속 자존감》에서는 '샌드위치 이펙트' 대화법을 설명한다. 샌드위치는 빵 사이에 햄이나 야채를 끼운 것을 말한다. 여기서 빵은 칭찬을, 햄이나 야채는 적절한 피드백을 가리킨다. 우선 칭찬을 두둑하게 해주어야 한다는 것이다. 물론 과도하거나 쓸데없는 칭찬은 오히려 의심을 불러일으키게 되어 역효과가 난다고 말한다. 어쨌든 조언을 해주기 전에 칭찬을 해주어야 한다는 것이다.

책 속의 내용은 다 맞는 말이다. 심리학과 상담 분야의 전문

가들이 이론적 토대로 쓴 내용이기 때문이다. 하지만 이와 같은 기법을 깊이 있게 사용하지 못해서인지 난 자주 한계에 부딪혔다.

"그랬구나, 그 친구가 그렇게 해서 속상했겠구나. 그런데 선생님이 생각하기에는…" 식으로 되어버린다. 공감은 해주었지만, 결국 내 이야기로 끝나는 것이다. 이미 혼나는 줄 알고 온 친구에게 예전에 잘했던 칭찬을 해주는 것도 쉬운 일은 아니었다. 그럼 아이들은 '갑자기 왜 저러지… 더 무섭네' 식이 된다. 그래서인지 감정을 읽어주고, 칭찬을 해줘도 마지막엔 결국 선생님의 잔소리나 주장이 되어버리곤 한다. 그래서 '나 전달법'처럼 감정을 건드리지 않고 나의 마음을 전달하는 방법 등, 내담자를 배려한 다양한 방법들이 생겨나는 것 같다.

아이들과 말을 할 때, 내 말이 주장이 아닌 이해가 될 수 있는 좀 더 간단한 방법이 필요했다.

대부분 중학교 남자아이들의 잘못은 급식실 앞에서 새치기한다거나, 청소를 대충하거나, 안 하는 경우, 복도에서 뛰면서 공을 가지고 놀거나, 어떤 순간을 모면하기 위해 다른 친구도 그랬다며 끌어들이는 경우, 심각하게는 아니지만 약간 투덕거리는 정도로 다투는 경우다. 그럼 교사는 학생을 지도해야 한다.

"새치기하면 안 되지."

그럼 분명 이렇게 말하는 아이도 있다.

"쟤도 했는데요. 누구도 했고요."

이렇게 나올 게 뻔하다.

"그 애들 말고, 지금 너를 말하는 거잖아. 왜 지금 여기에 없는 다른 아이들까지 끌어들이니? 네 잘못을 인정하면 되지" 하면서 교사는 더 화가 나게 된다. 자기 잘못을 인정할 줄 모르고 발뺌하는 듯한 모습을 보면, 더 많이 지도해야겠다는 생각이 들기 때문이다. 그럼 학생은 자기만 걸려서 억울하다는 표정과 말을 내뱉게 된다. 여기서 좀 더 심하게 하는 친구들은 "왜 나만 가지고 그래?" 하면서 소리치며 나가버리는 경우도 있다.

이런 경우엔 어떻게 하는 게 좋을까? 물론 선생님들마다 다양한 방식이 있겠지만, 중요한 것은 나의 말을 주장하지 않고 이해하게 만드는 것이다. 이때 이해시킬 수 있는 가장 중요한 포인트는, 상대가 내 말을 받아들일 마음의 준비가 되어 있어야 한다는 것이다.

앞에 소개된 책에서도 선생님의 말을 받아들일 준비를 시키기 위해 아이의 마음에 공감도 해주고 칭찬도 해주었던 것이다. 하지만 나는 그 방법보다 주로 아이들 마음에 좋은 의도가 있음을 먼저 말해준다. 결과적으로 나쁜 행동으로 이어졌지만, 사실상 '너의 마음에는 좋은 의도가 있었단다' 식으로 이야기하는 것이다. 착한 행동을 해야 한다는 마음, 비록 싸움으로 번졌지만 친구를 재미있게 해주려던 좋은 마음, 새치기하고, 청소를 빼먹거나 대충하고 갔어도 원래는 규칙을 지켜야 한다고 생각하는 올바른 의도가 아이의 마음속에 있음을 먼저 알려준다.

긍정적인 의도가 있었음에도 그 순간에 귀찮음으로 인해, 밥을 빨리 먹고 싶은 마음으로 인해, 남들에게 들키지만 않으면 괜찮을 것 같다는 마음으로 인해, 혼나고 싶지 않다는 마음으로 인해, 그런 잘못을 저지를 수 있음을 알려준다.

하지만 그럼 지금 당장은 편하고 이득일 것 같지만, 규칙을 지키지 않거나 스스로의 양심에 걸릴 일을 하면, 선생님과 친구들의 신뢰가 무너질 수 있음을 알려준다. 그것은 자신의 됨됨이로 평가될 수 있음을 진정성 있게 말해주는 것이다. 혼이 나더라도 솔직하게 말하고, 자신의 잘못을 인정할 수 있는 용기를 가져야 함도 알려준다. '너 자체가 나쁜 아이'가 아니라 좋은 의도가 있지만, 한순간의 잘못된 판단으로 나쁜 행동을 하게 되었음을 말해주면 아이들 대부분은 잘 받아들인다.

한번은 아침에 교통 지도를 하고 있는데, 운동장을 가로질러 오는 아이들이 있었다. 우리 학교는 규정상 운동장을 가로지르면 안 되기에 난 지도를 해야 하는 상황이었다. 그런데 가만히 보니, 대부분 교실 입실 시간이 임박했을 때 운동장을 가로질러

오는 친구들이 많았다.

"얘들아, 너희 왜 운동장을 가로질러 오니, 운동장으로 오면 안 되지!"하며 엄한 목소리로 아침부터 혼내고 싶지 않았다. 그래서 이렇게 말했다.

"지각할까 봐 마음이 급해서 운동장을 가로질렀구나. 그래도 운동장으로 오면 안 되니, 내일부터는 조금 더 일찍 출발해서 오렴."

그럼 대부분의 아이는 자신의 상황을 이해받았다는 것만으로도, 선생님의 말에 쉽게 수긍한다. 이처럼 상대가 받아들일 준비가 되도록 해주면, 아이들은 내 말을 훨씬 수월하게 받아들이고 반항의 감정도 덜 앞세우게 된다. 따라서 아이들 마음속의 좋은 의도나 어떤 상황이 있었음을 먼저 읽어주면, 아이들은 내 말을 더욱 쉽게 이해한다.

하지만 이때 잊어서는 안 될 것이 있다. 이해하게 하려면 처음부터 끝까지 혼낸다는 느낌보다 알려준다는 느낌으로 말해야 한다. 성장 과정에서 겪을 수 있는 유혹임을, 결국 자신의 올바른 모습을 추구할 수 있어야 함을, 다만 잘못했을 땐 인정하고, 앞으로 그러지 않으려는 노력을 기울여야 함을 함께 이야기를 나눈다. 아직은 아이들이기에 그들의 편협한 생각을 짚어주고, 시야를 넓혀주는 말들을 통해 스스로 이해할 수 있도록 알려주는 것이다.

하지만 진짜 아무리 봐도 상습범인 데다 그런 의도가 전혀 없을 것 같은 아이는 어떻게 하냐고 물을 수 있다. 그래도 좋은 의도의 마음이 있음을 자주 말해준다. 아이는 나에겐 '그런 거 없었는데' 하다가, 나중에는 내가 그랬나 싶은 날이 온다. 믿기지 않겠지만, 그래서 아직은 미성숙한 아이들인 것이다. 그리고 꼭 아이들의 마음을 열기 위해서만 이런 말을 하는 것은 아니다. 진짜로 그렇게 되기를 바라기 때문이다.

인간은 누구나 완성되지 않은 존재다. 미성숙한 어른들도 많은데, 언제나 아이들에게 옳고 바르고 완벽한 모습을 기대하는 것은 너무나 가혹하다는 생각이 든다. 어른들도 지켜야 하는 것을 알지만, 그 순간 귀찮고 하기 싫어서 하지 않는 것들이 얼마나 많은가!

아이들이 실수하고 잘못을 저지르고 편협한 생각으로 행동하고, 감정을 표현하는 것이 서툰 것은 어쩌면 당연한 성장 과정이다. 하지만 우리는 그 몇 번의 잘못을 호되게 말하고 지적하며 '넌, 정말 나쁜 아이'라는 인식을 심어주게 되는 것이다.

나는 아이들을 지도할 때 이 2가지를 기억한다. 상대가 내 말을 받아들일 마음의 준비를 하게 한 후에, 혼내는 것이 아닌, 스스로의 시야를 넓혀 깨달을 수 있도록 진정으로 알려주는 것이다. 그러면 아이들은 자신의 삶을 위한 선생님의 조언이라 생각하며, 주장이 아닌 이해로 받아들이게 된다.

06 미래지향적 언어를 담아라

3월은 정신없이 바쁜 달이다. 입학 또는 시업식으로 인해 첫 만남이 이루어지는 시기이기에, 안내할 것도, 제출할 서류도 굉장히 많다. 방학 이후의 몸과 마음을 학교생활에 맞춰서 서로 적응하는 때이기도 하다. 난 3월을 맞이하는 중압감이 컸다. 그러다 보니 몇 해 동안은 3월 말쯤에 꼭 몸살이 날 정도였다. 3월 한 달은 나에게 굉장히 중요했던 것이다. 학교의 골든 타임이기 때문이다.

'골든 타임'은 사고 발생 후, 환자의 생사를 결정지을 수 있는 수술과 같은 치료가 이루어져야 하는 최소한의 시간을 말한다. 영어로 'golden hour'라 하고, 우리는 흔히 '골든 타임'이라 부른다. 사실 위의 의미와는 조금 다르지만, 학교에서 3월은 수업과 학급의 생사를 결정지을 수 있는 골든 타임이다.

《선생님의 영혼을 위한 닭고기 스프》에 나오는 다이엔 스타크 선생님의 글이다.

> "그냥 전 문제아 대런이에요. 학교도 싫고 선생님들도 싫어요. 전 선생님들이 말하는 문제 학생이긴 하지만 멍청하지는 않아요. 그러니 절 멍청한 학생이라고 부르지 않으시면 좋겠어요."

> "대런의 작년 담임 선생님은 그가 겪고 있는 학업적인 어려움보다는 그의 반항적인 행동만을 지적했었다. 난 '대런, 내가 비밀 하나 말해줄까? 사람들이 그러는데 내가 올해 아주 힘든 반을 맡아서 힘든 학교생활을 보낼 거래. 그런데 난 그러지 않을 거야. 그러니 너도 다시 시작할 수 있어'라고 말했다."

3월 한 달 동안 내가 몸살이 날 만큼 혼신의 힘을 다하는 것이 있다. 그것은 개학 첫날부터 아이들의 눈빛을 살피는 것이다. 눈을 잘 마주치지 않고 고개를 숙이거나 슬쩍슬쩍 교사의 눈치를 보는 아이들이 있다. 그런 아이들은 학교에서 문제아로 찍혔거나 왕따나 혼자 다니는 상황처럼 어려움을 겪는 경우가 많다. 재학생의 경우에는 문제를 일으킨 학생들의 정보를 얻어 이름을 기억해둔다. 그런 친구들을 파악하는 데 주력을 다하는 이유는, 그들을 초장에 잡으려는 것이 아니다. 오히려 그것과는 정반대의 의미다.

아이들이 문제를 일으키기 전에 미래지향적 언어로 칭찬하고 격려하며, 그들의 마음을 담임인 나에게 열어놓게 하기 위함이다. 문제가 발생하고 지적하기 시작하면, 되돌리기 어려울 수 있다. 아이들은 이미 담임에게 찍혔다고 생각하는 순간, 더 많은 문제를 일으키기 때문이다.

3월은 담임을 맡은 학급뿐만 아니라 수업을 들어가는 반에서도 반항의 눈빛을 보이거나, 눈을 피하는 등 나에게 우호적이지 않은 학생들을 먼저 파악해야 한다. 어떤 식으로든 이미 내 수업을 방해하기 시작하고, 그로 인해 여러 번 지적하게 되면 그 아이는 선생님과 감정 싸움을 일으킬 수 있다. 불손한 태도를 보이고 반항적 표현을 하며 냉소적인 말로 내 수업을 방해할 수 있는 것이다. 그 학생이 문제를 일으키기 전에 나에게 마음을 열 수 있도록 칭찬을 해주어야 한다. '나는 너에 대한 선입견이 없고, 좋게 생각하고 있다'라는 느낌을 3월에 주어야 하는 것이다. 그래야만 아이들이 문제를 일으킬 수 있는 시간을 최대한 늦출 수 있다. 그래서 3월은 수업과 학급의 생사를 결정할 만큼 중요한 골든 타임이 되는 것이다.

이것은 정말 중요한 작업임에도 선생님들은 3월에 해야 할 업무가 너무 많아 이 부분을 놓치거나 뒤로 미루게 된다. 학교생활의 터를 잡는 거시적인 부분에만 초점을 맞추는 것이다. 하지만 정신없이 3월을 보낸 후, 한숨 돌리려는 4월 초에서 중순부터 아이들은 이미 크고 작은 문제를 펑펑 터트리기 시작한다. 교사와의 관계가 좋게 형성되지 않은 채, 문제를 해결하는 과정에서 이미 낙인찍혔다고 생각한 아이들은 계속해서 더 큰 사고를 만들기도 한다. 선생님은 3월 한 달 동안 아이들과 하루 빨리 좋은 관계를 형성해야 한다. 아이들의 문제 행동은 생각보다 빨리 터질 수 있기 때문이다.

학기 초에 좋은 관계를 형성하기 위해서는 미래지향적 언어를 담아 여러 번 칭찬해줄 수 있어야 한다. 미래지향적 언어를 담기 위한 첫 번째 단계는 과거에 문제를 일으킨 학생이더라도, 선입견을 갖지 않으려고 교사도 노력해야 한다는 것이다. 다이엔 스타크 선생님처럼 '너는 나를 만나 달라질 수 있다'라는 믿음이 있어야, 앞으로의 아이 모습을 변화시킬 수 있기 때문이다.

두 번째 단계는 나는 예전의 네가 겪었던 선생님들과는 다르다는 느낌을 상대에게 주어야 한다. 너를 좋게 생각하고 있다는 것과 올 한 해 잘해나갈 수 있을 것 같다는 말들을 부담스럽지 않게 건네야 한다. 아이가 새 출발한다는 느낌으로 올해는 잘해보고 싶다는 생각을 갖게 해주어야 한다.

세 번째 단계는 학기 초에 어떻게든 칭찬거리를 만들어주기 위한 노력을 해야 한다. 일부러 아주 작은 심부름이라도 시켜서 교무실로 오게 한다. 고맙다고 이야기하며 젤리나 사탕을 1개 주어도 좋다. 말로써 고마움을 전하며 앞으로도 선생님을 자주 도와달라고 이야기한다. 선생님과 친밀해졌다는 느낌을 아이에게 주는 것이 중요하다. 수업을 할 때도 내 수업에 우호적이지 않은 친구를 어떻게든 칭찬할 수 있는 상황을 만들어야 한다. 앞으로도 잘 참여할 수 있다는 믿음과 기대감을 담아 개인적으로 칭찬해주는 것이다. 도장이든, 스티커든 행동을 강화할 수 있는 것들을 이용해 마음의 문을 열어도 좋다.

3월 골든 타임의 핵심은 문제 상황이 발생되기 전인 학기 초, 이 시기를 놓치면 안 된다는 것이다. 이때 앞으로에 대한 미래지향적 언어를 담아 아이를 여러 번 칭찬해주어야 한다. 그렇게 선생님의 언어에 아이의 변화에 대한 바람과 믿음을 불어넣어야 한다. 아이가 선생님에게 마음의 문을 열게 되면, 분명 문제 행동의 시기를 늦출 수 있다.

마지막으로 여학생들끼리 다툼이 일어났을 때 또한 미래지향적 언어가 꼭 필요하다. 여학생들의 다툼은 미묘한 부분이 많다. 무리 내 또는 무리 간에 싸움이 일어난 경우, 시시비비를 가리기가 정말 어렵기 때문이다. 여학생들은 서로의 관계가 좋지 않을 때 말하지 않아도 비언어적인 표현들로 인해 더 큰 오해와 갈등을 가져올 수 있다.

예를 들어, 사이가 안 좋은 경우 A 친구가 쳐다보기만 해도 B 친구는 상대가 자신을 째려봤다고 생각하거나 협박했다고 느끼기도 한다. A 친구가 그냥 쳐다본 것을 B 친구가 그런 식으로 받아들인 것인지, 아니면 A 친구가 진짜 안 좋은 마음으로 째려본 것인지, 그 자리에 있지 않던 교사가 판단하는 것은 굉장히 어렵다. 대면시키더라도 각자 자신이 불리하지 않도록, 자기 입장만 내세울 경우가 많다. 이런 사안은 서로에 대한 좋지 않은 감정에서 비롯된 문제다. 관계가 좋지 않으면 비언어적인 것만으로도 그와 같은 오해와 갈등이 생길 수 있음을 알려주어야 한다.

그리고 지금 상황에서 더 중요한 것은 앞으로 우리들의 모습임을 말해준다. 아이들의 시선을 미래 상황으로 맞춰주어야 한다. 결국 우리가 가려는 방향은 분열과 서로를 떨구어내는 것이 아닌, 하나의 공동체로서 화합과 긍정의 방향으로 가야 함을 자주 말해주어야 한다. 여학생들은 한번 감정이 틀어지면, 오래도록 문제가 생길 수 있어 이 부분이 쉽진 않다.

이런 어려움 때문에 이미 발생한 사건 하나하나의 시시비비를 가리는 것은 더욱 힘들다. 그렇기에 아이들의 눈높이와 시선을 자꾸 앞으로 향해갈 수 있도록 미래지향적 언어로 말해주어야 한다. 왜냐하면 미래지향적 언어에는 우리 모두가 더 나은 변화의 방향으로 갈 수 있다는 희망이 메시지가 담기기 때문이다.

진심, 어떤 아이도
내 편으로 만드는 기술

진심은 기술이 아닌 마음이다. 마음가짐이나 인간의 본성에 가까운 것이다. 나보다 어린 열일곱 살 학생에게 진심을 배우기 전까지, 난 그 단어를 생각해본 적이 없다. 언제나 아이들을 진심으로 대했지만, 내 마음에 라벨링을 하지 않았기에 알아채지 못했다. 하지만 진심을 알게 된 후, 학교생활을 하는 데 큰 힘이 되었다. 그때 그 친구가 나에게 남겨준 글이다.

> 행복하라 학생과 배구외생활 학생을 모두 아치며 드는 생각은 딱 하나입니다
>
> '사람에게는 진심이 통하고 그 진심이 사람을 변한다.' 라는 생각입니다.
>
> 물론 저의 바람대로 0HSY에 합격하면 정말 좋겠습니다. 하지만 저는 이 학생들로부터 배운 '진심'을 항상 가슴속에 새기고 살아갈 것입니다.
>
> 이 순간을 또 볼 수있는 기회가 있으면 좋겠습니다.
>
> 한국에 있는 모든 청춘들이 꿈은 이뤄지길 바랍니다. Forever...

"사람에게는 진심이 통하고 그 진심이 사람을 만든다."

난 아이들을 대할 때, 진심으로 대한다. 그럼 진심으로 대하지 않는 선생님이 어디 있냐고 물을 수 있다. 이 이야기에 대한 답변이 될 수 있을 것 같아 신규 선생님과의 대화 내용을 써본다.

"난 아이들을 대할 때, 정말 진심을 담아 이야기하거든."
"저는 진심이 통한다고 생각하지는 않아요. 어렸을 적에 선생님들과 이야기를 나눌 때 마음을 다 열지는 않았거든요. 하지만 이제 제가 교사가 되었으니, 진심으로 대하려고 노력은 해야겠네요."

신규 선생님의 고맙고도 솔직한 답변이었다. 나도 어릴 적에 선생님들을 진심으로 대하거나 마음의 문을 활짝 열었던 적은 없다. 대부분 사람들은 진심에 대해 별로 신경 쓰지 않거니와, 진심이 통할 거라고 생각하지도 않는다.

하지만 이제 난 진심을 믿는다. 그것도 아주 굳게 믿는다. 학교생활뿐만 아니라 나의 삶 속에서도 말이다. 예를 들면, 지금 이 순간 '내가 쓰고 있는 책의 내용을 과연 선생님들은 어떻게 받아들일까?' 싶은 불안과 두려움이 생길 때도 말이다. 이럴 때에도 나의 진심이, 나의 진정성이 담겼으니 그 진심은 반드시 통할 거라고 믿는다. 그렇게 진심은 나에게 용기를 준다.

어쩌면 나의 내면 깊은 곳에서 내 말이 아이들 마음에 닿지 않으면 어쩌나 싶은 두려움에 생긴 믿음인지도 모른다. 하지만 그럴 때마다 '진심은 통한다'라는 말은 나에게 용기를 주었다. 나의 마음을 솔직하게 담은 진심을 말할 때, 대부분의 아이들은 스스로 변화했다.

《선생님의 영혼을 위한 닭고기 스프》를 보면 나쁜 짓을 하고, 폭력 서클에 가담해 결국 학교를 자퇴할 수밖에 없었던 한 학생이 쿨만 선생님께 보낸 편지가 나온다.

> "학창 시절 선생님이 저희에게 커서 무엇이 되고 싶은가를 물었던 순간을 저는 항상 기억하고 있어요. 제 차례가 되었을 때 저는 물리학자가 되고 싶다고 했어요. 모든 아이들이 저를 비웃었죠. 저조차도요. 그러나 선생님은 그러지 않으셨죠. 선생님은 제가 원한다면 물리학자가 될 수 있다고 말했고 그 말씀에 진심이 느껴졌어요. 제가 하루하루 겨우 끼니를 잇고 살 때조차도 선생님의 그 말씀이 저에게는 늘 힘이 되어주었어요."

나의 진심 안에는 2가지의 마음이 담긴다. 첫 번째는 진심을 담은 내 마음에는 절대 거짓이 없음을 의미한다. 두 번째는 진심 안에 아이에 대한 나의 믿음이 실리는 것이다.

하지만 모든 아이들에게 진심을 담는다는 말을 할 필요는 없다. 대부분의 친구들은 진실성이 있기 때문이다. 주로 거짓말을 잘하는 아이나 문제를 여러 번 일으키는 아이들에게 대화 전에 이 말을 꼭 해준다.

"선생님은 사람에게는 진심이 있다고 생각해. 그리고 진심은 통한다고 믿어. 그래서 난 너를 진심으로 대할 거야."

그리고 본격적으로 이야기하기 전에 호흡하며 마음을 가다듬는다. 내가 그 말을 입으로 내뱉는 순간, 모든 대화에는 진심이 담긴다. 그 안에는 내 마음속의 거짓 없이 아주 솔직하게, 그리고 아이를 믿는 마음이 실리도록 하는 것이다.

예전, 중학교 1학년을 담임할 때 꾸러기 친구가 1명 있었다. 우리 반에서 가장 말썽을 많이 피웠지만, 나는 그 아이를 진심으로 대했다. 여러 번의 사건·사고가 있었지만, 그때마다 선생님이 항상 너를 진심으로 대하며 믿고 있다고 알려주었다. 축구를 잘하는 아이였기에 너는 운동 머리가 있으니, 반드시 성공할 거라고 말해주었다. 아마 그와 같은 나의 진심 어린 말이 스스로조차 믿지 못하는 자신의 모습을 선생님만은 믿고 인정해준다고 느꼈던 것 같다. 여러 가지 사건·사고를 일으켜 그것을 해결하는 상황임에도, 내 진심을 담아 아이에게 이야기해주곤 했다. 그렇게 2학기로 갈수록 말썽을 일으키는 횟수가 줄었다. 2, 3학년 때는 다른 반이었지만, 졸업하는 날 나에게 이런 메시지를 보내왔다. 그리고 아이는 꼭 성공해서 찾아오겠다는 약속을 나에게 남겼다.

> 선생님 3년동안 정말 감사했습니다!! 선생님 만나서 자신감도 많이 생기고 포기하지 말고 끝까지 하자는 마인드도 생겼어요 정말 감사합니다😢😢 정말 잊지 못할 최고의 선생님이 될 거 같아요 꼭 어른 되고 잘되서 연락 드리겠습니다 선생님 사랑합니다🖤🖤

물론 이런 고마운 학생도 있지만, 진심으로 대했던 학생이 거 짓으로 나를 대했을 땐, 마치 드라마의 한 장면이 연출되기도 했 다. 교무실에서 그 학생과 이야기를 나누며 서 있었는데, 주먹을 쥔 나의 손이 부르르 떨리고 다리에 힘이 풀려 주저앉을 뻔한 것이다. 옆자리 선생님이 괜찮냐며 부축해주려고 할 정도였다. 드라마에서 충격을 받으면 몸이 부르르 떨리며 쓰러질 것 같은 상황을 내가 직접 겪은 것이다.

사실은 전날 이런 일이 있었다. 그 학생이 학교 규정상 담 임인 나에게 핸드폰을 제출해야 하는 상황이었다. 그런데 아이 는 학원 때문에 그날 가지고 간 후 내일 제출하겠다고 했다. 다 음 날 핸드폰을 제출하라고 했더니, 어제 지하철에서 깜박 놓고 내려 다른 핸드폰을 가지고 왔다고 했다. 그 핸드폰을 받는 순간 느낌이 왔다. 공기계였다. 그렇게 나를 속이려 했던 것이다. 몇 분 동안 몸을 부르르 떨다가 어렵게 말한 나의 첫마디는 이거였다.

"내가 너를 어떻게 대했는데…."

그랬다. 정말 가슴이 아팠다. 매 순간 진심으로 대했기 때문이다. 그 아이는 어머니와 관계가 좋지 않아 그럴 때마다 여러 번 이야기를 나누었다. 친구들에게 거짓말을 해서 아이들과의 관계가 힘들 때도 함께 이야기를 나누었던 아이였다. 나는 그 아이를 항상 진심으로 대했기에 나를 속이려 했다는 것에 깊은 상처를 받았다.

결국 사용하던 진짜 핸드폰을 가져오게 해서 제출하게 했다. 핸드폰을 돌려준 후에는 일부러 아무 일도 없던 것처럼 아이를 대했다. 왜냐하면 아이는 나에게 미안했는지, 내 눈을 잘 마주치지 못했기 때문이다. 진심의 기술이 나에게 부메랑이 되어 돌아오면, 아이와는 별개로 마음을 추스르는 작업을 나 혼자 스스로 감당해야 한다.

'진심'이란 것은 사실 위험한 마음의 기술이다. 제대로만 사용되면 아이의 인생에 큰 영향을 미칠 수 있는 위대한 기술이다. 하지만 그렇지 못한 경우라면 교사는 엄청난 상처를 감내해야 할 정도로 위력이 크다. 그러나 그렇게 상처를 받을 수 있는 위험한 기술임에도 앞으로도 나는 항상 진심을 담을 것이다. 왜냐하면 진심만이 아이들 스스로의 변화를 이끌어낼 수 있기 때문이다. 그리고 그들의 삶에 커다란 영향을 미칠 수 있다. 우리가 생활지도가 어렵다고 말하는 아이들의 경우, 그 효과는 더욱 크다. 어떤 아이도 내 편으로 만들 수 있는 기술 중에 진심보다 더 강한 것을 난 본 적이 없다.

08 긍정의 힘이
아이들을 변화시킨다

학급을 운영하다 보면 관심을 많이 가져주어야 하는 아이들이 있다. 학급에 이런 친구들이 많을수록 교사는 힘이 든다. 구성원에 따라 한 해, 한 해 극과 극의 상황을 달리게 되는 것이다. 어떤 한 해는 좀 편한 듯, 어떤 한 해는 정말 힘들게 보내게 된다.

주로 신경을 많이 쓰게 되는 경우는, 사건·사고를 만드는 친구들과 왕따를 당하는 아이들이다. 이 아이들은 지속해서 꾸준히 관심을 가져주어야 한다. 이런 친구들은 정말 쉽게 변하지 않기 때문이다.

A라는 친구가 있었다. 그 친구는 심한 장난을 치거나 남을 괴롭히고, 사물함이나 책상을 뒤져서 돈을 훔치는 등의 나쁜 행동을 일삼았다. 왕개미를 잡아다가 B 친구의 등에 넣거나 무시하

고 약을 올리는 등의 행동도 했다. 더 큰 문제는 B는 자신이 그런 대접을 받아도 그냥 당연한 듯 여겼다. 자존감이 낮은 아이였다. 난 양쪽으로 행동을 옮겨야 했다.

우선 A라는 친구의 잘못된 행동을 단호하게 타이르면서도, 지금 현재의 모습이 진짜 네 모습이 아님을 자주 말해주었다. 아직 이성적인 뇌가 자라지 않아서 그런 것이라고 알려주었던 것이다. 지금 너의 모습 안에 본능과 감정만 있어서 그렇지, 너의 본성은 착하고 의로운 젠틀한 아이라고 말해주었다. 네 뇌가 더 자라면 앞으로 달라질 수 있다는 자신에 대한 긍정적인 믿음도 주었다. 이때 부모님 카드를 활용했다. 다행히 A의 어머니는 아이를 포기하지 않으셨다. 아이의 나쁜 장난과 행동에 대해 가정에서도 지도하기 위해 노력했다. 문제는 중2 정도의 남학생은 곧이곧대로 엄마 말을 잘 듣지 않는다는 것이다. 그래서 어머니와 전화 통화를 자주 했다. 우리는 아이 1명을 두고 연합군처럼 연대했다. 어머니도 나도 '아이의 변화'라는 1가지의 목표만 있었기 때문이다. 하지만 나중에 어머니는 너무나 지치셨는지, "자기도 내 아이가 왜 이런지 모르겠다"라며 통화 중에 펑펑 우셨다.

너무나 안쓰러운 마음에 그날은 위로해드리고, 다음 날 A에게 어머니가 우신 이야기를 했다. A가 문제를 일으킬 때마다 너의 진짜 모습은 이것이 아니라는 말과 함께 어머니의 이야기를 자주 해주었다. 어머니가 얼마나 너를 사랑하는지, 얼마나 애쓰고 노력하는지를 말이다. 다행히 아이는 어머니와 관계가 좋은 것도 아니었지만, 최악의 상황도 아니었던지라 어머니의 도움을 받을 수 있었다. 그날 이후 아이의 모습은 어느 정도 달라졌다. 거의 1년 꼬박 노력한 결과였다. 아이가 어느 정도 철이 들 시기여서 변화한 것일 수도 있다. 하지만 난 결국 아이 어머니의 긍정의 힘이 변화시켰다고 생각한다.

자신감이 너무도 없는 B의 경우에는 다른 접근 방식이 필요했다. 그런데 이상한 것은 내가 전화를 드릴 때마다 B의 어머니는 "우리 아이가 공부를 못하고 부족한 것이 너무 많아서 죄송합니다"라고 말씀하셨다. 이상할 정도로 어머니는 자세를 너무나 낮추셨다. 아이뿐만 아니라 어머니에게도 말씀드려야 했다. 그리고 아이에게 공부가 부족하든 뭐가 부족하든, 어떤 상황에서도 남이 자신을 함부로 대할 때는 스스로 맞설 수 있어야 한다고, 자기 스스로도 자신을 함부로 해서는 절대 안 된다고 알려주었다. 다행히 B는 드럼 치는 것을 좋아했다. 그것으로 아이의 자신감을 많이 북돋아주었다. 학기 말로 갈수록 아이의 얼굴 표정이 밝아졌다. B 학생뿐만 아니라 어머님께도 아이의 긍정적인 모습을 자주 이야기해드렸다.

사실 긍정의 힘이 아이들을 변화시킨다는 것을 모르는 교사가 어디 있을까! 하지만 정말 이 또한 쉽지 않음을 인정한다. 왜냐하면 이런 친구들은 1년 내내 수십 번 이야기해도 쉽게 변하지 않기 때문이다. 어쩔 때는 포기하고 싶을 만큼 힘들다. 그나마 아이가 어머니와 관계가 좋으면, 어머니 카드를 활용해 긍정의 힘이 두세 배 증폭될 수 있다. 어머니와 긴밀히 협조해 아이의 문제 상황에 대해 해결책을 모색해야 한다. '부모님이 너를 믿고 너를 사랑한다'는 메시지를 계속해서 전해주어야 행동의 변화를 가져올 수 있다. 부모가 아이를 포기했다고 말하는 경우에는 문제를 해결하는 것이 거의 어렵다. 하지만 부모와의 관계가 나쁘지 않은 경우, 부모님까지 총동원해서 긍정의 힘을 최대한 발휘해야 한다.

《선생님의 영혼을 위한 닭고기 스프》의 '버거킹으로의 여행'에서는 1명씩 아이들과 데이트를 한 사라 선생님의 이야기가 있다.

> "그 이후 그녀와의 관계가 바뀌었다고 말할 수 있다면 좋겠지만 그렇지는 않았다. 사실 대부분 학생들과의 관계가 그렇게 많이 바뀌지는 않았다. 나는 너무 어렸고 내가 의도한 선의를 베풀기 위해 나 자신이 무엇을 해야 할지 잘 몰랐다. 하지만 나는 당시에 내가 했던 일에 대해 만족한다. 아마도 버거킹으로의 여행은 그날 아침 엄마가 소리 지른 아이, 혼자 점심을 먹어야 하는 아이, 가족이 2달러짜리 어린이 메뉴를 사줄 형편이 안 되는 아이들에게는 뭔가 의미 있는 일이었을 것이다. 적어도 그랬기를 바란다."

나의 경우는 좀 다른 상황이긴 하다. 담임은 아니었지만, 앞에서 말한 학교의 일짱이었던 학생이 있던 반에 교과 수업을 들어갔다. 내 반도 아닌데, 난 그 아이를 위해 자주 긍정적인 이야기를 해주었다. 지금의 네 모습이 진짜 너의 모습이 아님을, 지금의 모습에서 벗어나 얼마든지 달라질 수 있음을, 그리고 과거의 모습에서 벗어나 새롭게 시작할 수 있음을 말해주었다. 그것은 자신의 선택이고 그렇게 리셋이 가능하다는 이야기를 건넸다. 아이에게 앞으로 더 긍정적인 모습으로 변화할 수 있다는 장문의 손 편지를 건네주기도 했다.

하지만 그랬다고 해서 아이가 사고를 치지 않거나 나와의 관계가 더 좋아진 것은 아니다. 뭔가 갑자기 변하는 모습을 보여주지도 않았다. 사실 이 시기쯤에 처음으로 이직을 생각했다. 인성이 결여된 학생들의 행동에서 오는 교사로서의 무력감 때문이었다. 학생과 교사가 서로 대립하게 되는 것도 가슴 아팠다. '내가 과연 교사로서 자격이 있을까?'라는 생각도 하게 되었다. 아이들은 나의 노력에 비해 쉽게 변하지 않았고, 마치 학교는 질서가 없는 약육강식의 무시무시한 정글과도 같았다.

결국 그 아이는 다른 학교 학생과의 폭력과 금품 갈취로 강제 전학을 가는 것으로 결정되었다. 그때가 짙은 가을 무렵이었다. 강제 전학을 가기 전날, 그 아이는 나를 찾아왔다. 함께 운동장 스탠드에 앉아 이야기를 나누었다. 어슴푸레하게 노을이 깔

리던 시간이었다. 아이는 나에게 말했다.

"선생님, 저 강제 전학 안 가게 해주세요."

"이제 다시는 나쁜 짓 안 할게요."

담임도 아니었던 나에게 강제 전학을 가지 않도록 도와달라는 것이다. 하지만 이미 결정된 사항을 일개 교사인 내가 바꿀수는 없었다. 그 아이는 마지막에 내 앞에서 눈물을 흘렸다. 지금도 아직 모르겠다. 그날 담임도 아닌 나를 왜 찾아왔을까? 사라 선생님의 행동처럼 나의 말과 손 편지가 그 아이에게 뭔가 의미가 있었던 것인지도 모르겠다. 먼 훗날 아이에게 자신을 믿고 긍정적으로 바라봐준 선생님이 단 1명이라도 있었다는 사실이 인생을 살아가는 버팀목이 되기를 바란다.

> "교사의 영향력은 끝이 없다. 그 영향력이 어디에서 멈추는
> 지 알 수 없다."
>
> – 헨리 브룩스 애덤스(Henry Brooks Adams)

지금 당장은 아닐지라도 긍정의 힘이 언젠가는 아이들을 변화시킬 수 있지 않을까! 내가 무슨 행동을 한 건지는 정확히 모르겠지만, 그 당시 내가 했던 일에 대해 지금은 만족한다. 아무 행동도 하지 않았다면, 그 아이가 나를 찾아와 고백하지도 않았을 테니 말이다.

5 ^장

나는 선생님이
행복했으면 좋겠습니다

01 내가 아이들을
가르치는 이유

이솝우화의 《개미와 베짱이》를 보면, 개미는 여름 내내 부지런히 일한다. 베짱이는 여름 내내 노래만 부른다. 겨울이 찾아오고 베짱이는 개미에게 먹을 것을 구하러 간다. 개미는 구걸하러 온 베짱이에게 음식을 나누어준다.

아이들과 주제 선택 수업에서 그림책을 함께 읽는다. 과학적인 측면에서 개미와 베짱이의 일생이 담긴 자료도 제시해준다. 실제 개미는 여러 해를 살아가지만, 베짱이(이솝우화의 원본은 매미라고 한다)는 겨울이 오기 전에 생을 마감한다. 이러한 사실을 통해 질문 중심 하브루타로 '최선'이라는 가치를 이끌어낸다. 왜냐하면, 개미도 베짱이도 자신의 삶에 최선을 다했기 때문이다. 베짱이가 여름 내내 울어야 했던 이유는 겨울까지 살지 않기 때문이다. 겨울이 오기 전, 번식을 통해 종을 유지시키는 것이 자신의 인생의 목적이며, 최선이었던 것이다.

《토끼와 거북이》를 통해 '포기하지 않는 꾸준함'을 이끌어낸다. 토끼와 거북이는 경주를 한다. 그들이 정한 목적지까지 누가 빨리 도착하는지를 겨루는 것이다. 만약 그들이 정한 목적지가 인생에 있어서의 자신들의 꿈이었다면? 토끼의 낮잠이 결국 그 꿈으로 가는 길목에서의 포기였다면? 그렇다면 토끼는 자신의 꿈을 이루지 못한 것이다.

여기에서 유재석의 〈말하는 대로〉를 들려준다. 유재석은 10년 가까운 무명 시절이 있었다고 한다. 5~6년쯤 현실에 맞춰 다른 직업을 찾아야 하나, 7~8년쯤에는 이제 정말 안 되는가 싶어 포기해야 하나 싶은 생각을 했을지도 모른다. 하지만 오랜 시간 동안 포기하지 않았기에, 우리는 지금의 유재석을 만날 수 있게 되었다.

《꽃들에게 희망을》에서는 호랑 애벌레가 주인공이다. 호랑 애벌레는 더 나은 삶을 꿈꾼다. 그러다 하늘 높이 솟은 기둥을 발견한다. 그 기둥 위에는 뭔가 있을 것만 같았다. 가까이 가보니 그것은 다른 애벌레를 밟고 올라가야 하는 애벌레 기둥이었다. 호랑 애벌레는 기둥을 오르기로 마음먹고, 다른 애벌레들을 무참히 밟으며 꼭대기에 다다른다. 하지만 그 위에는 아무것도 없었다. 자신이 오른 기둥은 수많은 애벌레 기둥 중 하나였던 것이다. 호랑 애벌레는 높은 곳을 기어 올라가는 것이 아니라, 나비가 되어 날아올라야 한다는 것을 깨달았다. 두려웠지만 결국, 고치를 틀고 나비가 되어 날아오른다. 이 책을 통해 '나다움'이란 무엇일까에 대해 이야기를 나눈다.

이런 수업을 하는 첫 번째 이유는 주어진 것을 남과 다르게 볼 수 있는 시선을 주고 싶어서다.

《개미와 베짱이》를 통해 개미도, 베짱이도 모두 자신의 삶에 최선을 다했다는 것을,《토끼와 거북이》를 통해 꿈을 이루기 위한 과정에서 포기하지 않으면 다다를 수 있다는 것을,《꽃들에게 희망을》을 통해 고치를 틀어야 하는 이유는 '나다움'이라는 개인의 고유성을 찾기 위한 과정임을 알려주고 싶었다. 그와 같은 새로운 관점을 주고 싶었다.

'엄마가 시켜서', '남들이 하니까', '나만 안 하면 뒤처질까봐', '남들이 좋다고 해서' 우리 아이들은 어느덧 이런 관점을 가지게 되었다. 그러다 보니 '하라는 대로', '시키는 대로', '내가 원하지 않아도' 나에게 주어진 것에 맞춰서 살아간다. 물론 아직 어리니까 방향을 주고 따라가게 하는 것이 맞다고 생각할 수 있다. 하지만 그렇게 시간이 흘러 어른이 되면, 갑자기 자신의 삶에 의문을 던지고 원하는 방향으로 나아갈 수 있을까? 20대, 30대가 되어도 주어진 대로 맞춰서 살아가고 있지는 않을까? 나 역시 그랬다. 서른여덟 살에 나의 꿈이 생기기 전까지 항상 남들과 같은 길로만 가야 한다고 생각했다.

> "당신은 당신이 생각하는 대로 살아야 한다. 그렇지 않으면
> 당신은 머지않아 사는 대로 생각하게 된다."

《정오의 악마》의 폴 부르제(Paul bourget)의 명언이다.

나에게 주어진 것을 그대로 받아들이기보다 자신의 시선으로 다시 한번 생각해볼 수 있기를 바랐다. 남이 좋다고 말하는 삶, 남들과 똑같이 향해가는 삶이 아닌, 내가 꿈꾸는 나의 삶을 찾으려는 노력을 기울였으면 했다. 물론 현실을 너무 모른다고, 너무 이상적이라고 생각할 수 있다. 하지만 적어도 스스로 생각하려는 노력을 기울이지 않으면, 머지않아 사는 대로 생각하게 되어버릴 것이다.

두 번째 이유는 이와 같은 새로운 관점을 통해 '자존'을 세워주고 싶었다. 자신의 삶에 '최선'을 다하고 자신의 방향을 향해 '포기하지 않고 꾸준히' 걸어가는 것. 그 과정에서 '나다움'을 찾아가는 것이 인생이라고 생각한다. 결국 그런 인생에서 가장 중요한 것은 '나다움', 즉 '자존'일 것이다.

내가 생각하는 자존이란 '나를 알아가는 것', 그 과정에서 '나

를 인정하는 것', 그리고 '나를 더 성장시키는 것', 그런 '나를 믿는 것', '내가 좋아하는 것', '내가 꿈꾸는 것'을 아는 것, '나의 방향을 찾고 나아가는 것', 그러다 '지쳐 쓰러져도 다시 일어설 수 있는 것', '쓰러진 자신을 위로할 수 있는 것', 그렇게 '다시 해나갈 수 있는 힘을 갖는 것', 그와 같은 모든 것들이 '자존'인 것이다.

자존을 바로 세울 때, '나다움'으로 멋지게 자신만의 길을 걸어갈 수 있다고 생각한다. 물론 짧은 시간 안에 이 모든 것을 말할 수는 없지만, 인생에서 가장 중요한 것이 '자존'임을 말해주고 싶었다.

과학 교과 수업에서도 '자존'을 연결한다. 과학에서 힘을 배울 때, 일상생활에서 '힘든 순간'이 언제인지 수업을 시작하면서 이야기를 꺼낸다. 그냥 말해보라고 하면 아이들은 자신의 마음을 쉽게 내보이지 않는다. 《자존감 수업》 내용을 발췌해서 잔잔한 음악도 틀어주고 글의 내용도 읽어준다. 그런 후에 힘든 순간을 적어보라고 하면, 마음의 문을 열고 솔직하게 자신의 마음을 써주는 친구들이 있다. 그 아이들의 글을 읽다 보면, 아이들의 힘든 순간의 상처가 느껴져서 울컥하게 된다.

울컥한 마음에 목소리가 떨리면, 내 목소리를 들은 몇몇 아이들의 눈물이 터져 나온다. 그렇게 여기저기서 갑자기 소리 내서 운다. 함께 부둥켜안고 울었을 뿐인데, 아이들의 얼굴이 이내 밝아진다. '나만 그런 것이 아니구나. 다른 아이들도 힘들구나' 그런 마음이 스스로를 치유하는 것이다. 서로를 위로하고 격려하며 자신의 모습도 돌아보게 된다. 그렇게 '자존'을 배워나간다.

이제는 학교에서만 학습이 이루어지지 않는다. 예전과 다르게 여러 가지 경로로 학습할 수 있게 되었다. 그래서일까, 요즘엔 학교의 기능에 대해 생각하게 된다. '학원이나 인강 또는 사회에서 가르쳐주지 않는 것들을 알려주어야 하지 않을까' 내가 아이들을 가르치는 또 다른 이유가 생긴 것이다. 그래서 '자존'에 관해서 이야기 나눈다. 자신을 어떻게 돌아봐야 하는지, 힘들 때 어떻게 감정을 추슬러야 하는지, 남들과 다른 '나다움'을 어떻게 찾아가야 하는지 아무도 가르쳐주지 않기 때문이다.

누군가는 함께 생각해볼 수 있도록 '자존'이란 주제를 자꾸 던져주어야 할 것 같다. 그 누군가가 단지 나인 것이다. 내가 아이들을 가르치는 이유에 어느새 '자존'이 스며들었다. 나에게 인생을 살아감에 있어 가장 중요한 것을 꼽으라고 한다면, 그건 '자존'일 것이다. 우리의 아이들도, 선생님들도 자신을 알아가는 과정에서 스스로의 '자존'을 세워나갈 때, 더욱 자신만의 행복한 삶을 만들어갈 수 있기 때문이다.

02　학생들과 함께 있을 때
　　　나는 내가 좋아진다

스마트폰이 도입된 후 내가 담임으로서 크게 어려움을 겪었던 것은 사이버 사건을 접할 때다. 페이스북이나 트위터와 같은 SNS를 하지 않았던 나는 아이들이 사이버상에서 문제가 생겼을 때가 가장 곤란했다. 그 원리를 잘 모르거니와 어떻게 해결해야 할지 난감했다.

한번은 A 남학생과 B 여학생이 다투게 되었다. A 학생은 B 학생과 싸운 것을 SNS에 올렸다. 그러자 C 학생이 B 학생에게 복수를 해주겠다며 B를 협박하기 시작했다. A에게 물어보니 자기는 C 학생을 잘 모르고, 학교도 다니지 않는 것 같다고 했다. 그냥 가끔씩 자기 SNS에 들어올 뿐이라는 것이다. 형체도 없는 C 학생으로 인해 B 학생과 B의 부모님, 그리고 나는 2~3주 정도를 혹시나 C 학생이 해코지하면 어쩌나 싶어서 불안에 떨어야 했다. 등하교 시 부모님의 도움을 받고 B 학생과 자주 연락을 취했다. 그 밖에도 한번은 6~7명의 여자 선배들이 우리 반 여학생이 자신들을 헐뜯고 다닌다며, 무서운 내용을 카카오톡 메시지로 보내기도 했다.

나는 이런 상황들이 힘들게 느껴지고 그때마다 긴장 상태가 된다. 아이들의 오해, 다툼, 카카오톡 메시지로 오고 가는 이야기들은 나의 기운을 쏙 빼놓는다. 집에 가서도 2~3일은 이 일을 해결하기 위해 내 머릿속이 복잡하다. '어떻게 하면 가장 좋게 잘 해결할 수 있을까?' 하는 생각이 떠나지를 않는다. 학급에서 일어나는 일은 어떻게든 해결할 수 있을 텐데, 우리 반이 아닌 선배들이나 다른 학교의 아이들까지 연결되면 정말 힘이 든다. 그럼에도 불구하고 이런 일은 처음부터 신속하고 제대로 해결하는 것이 중요하기에 초반부터 굉장히 노력한다.

아이들을 불러서 이야기를 나누고, 화해도 시켜주어야 하며, 오해도 풀어주어야 하는 것은 정말 쉽지 않은 일이다. 어떨 때는 '정말 요 녀석들이 왜 이리 나를 힘들게 하나?' 싶은 생각이 들기도 한다.

어느 날, 한 여학생이 함께 다니는 친구들이 자기만 따돌리는 것 같다며, 종례가 끝나고 찾아와서 울기 시작했다. 일단 달래서 보낸 후, 그 일을 어떻게 해결할까 싶어서 하루 동안 엄청 고민을 했다. 다음 날 아침에 불러서 해결할 방법에 대해 나의 생각을 말해주니, 이미 화해했다는 것이다. 작은 해프닝이 되어버렸지만, 해결책을 생각하느라 내 에너지를 많이 쏟은 상태였다.

아주 작은 사례들까지 모두 적으라고 하면 수십 장은 되지 않을까! 1년이라는 시간 동안 아이들끼리의 관계로 인해, 크고 작은 일들이 하루에도 수십 차례 벌어지는 곳이 학교이기 때문이다.

하지만 이런 문제가 생겼을 때 나는 최대한 감정을 품지 않으려고 노력한다. 그것은 어쩌면 나를 보호하기 위한 방법이기도 하다. 이런 문제 사안만큼은 '왜'를 묻지 않는다. '왜'를 묻게 되면 감정이 많이 실리기 때문이다.

'왜, 애들끼리 싸워가지고는….'
'왜 이렇게 나를 힘들게 만들고….'
'왜 카톡에 올려가지고는….'

이런 생각을 하면 할수록 아이들에게 화가 나고, 아이들이 미워지고, 부정적인 감정으로 인해 해결하는 것이 힘들게만 느껴진다. 그래서 오직 '어떻게'에만 집중한다.

'어떻게 해결할 수 있을까?'

'어떤 방법으로 화해를 시킬까?'

'어떻게 깨우치게 할까?'

이미 벌어진 일에 대해서 아이들을 비난하거나 탓하지 않는다. 과거의 일은 돌이킬 수 없기 때문이다. 일어나지 않았다면 좋았겠지만, 이제 와서 이미 벌어진 일을 두고 말해봤자 서로의 감정만 상할 뿐, 나아질 것은 없다. 대신 해결할 일에 대해 집중하고 앞으로 절대 그런 일이 생기지 않도록 하는 것이 더 중요하다고 따끔하게 주의를 준다.

다행인 것은 항상 이런 일만 일어나지는 않는다는 것이다. 코로나19 이전 체육대회에서 우리 반 친구들은 무려 아홉 번의 줄다리기를 했다. 토너먼트로 진행되었는데, 4강, 준결승, 결승까지 간 것이다. 줄다리기의 구호는 '치킨'이었다. '우승'하면 치킨을 사준다고 했기 때문이다. 결국 줄다리기 종목 1등, 체육대회도 1등, 응원상도 1등을 차지했다. 체육대회 날 목소리가 쉬지 않은 친구들은 남아서 청소를 시킨다고 했더니, 모두 한마음이 되어 목이 터져라 응원했다. 그렇게 응원상까지 탈 수 있었다. 노력한 아이들이 정말 예뻐 보였다.

학기말 반별 레크리에이션에서는 하나로 똘똘 뭉쳐 목이 빠져라 공을 쳐다보며 열심히 위로 들어 올렸다. 그날도 제일 많이 들어 올렸던 기억이 난다. 그렇게 예뻐 보일 수가 없었다. 우

리 반 친구들에게 고맙고 기쁘고, 들키지는 않았지만 그런 아이들의 모습에 울컥 눈물도 났다.

《가르칠 수 있는 용기》의 파커 J. 파머는 말한다.

"나는 늘 공포를 느끼겠지만, 그렇다고 해서 나 자신이 공포 그 자체가 되는 것은 아니다. 내 마음의 풍경에는 공포 말

고 다른 것들도 많이 들어 있으며, 그것들에서 말하고 행동하
는 힘을 얻는다."

　수업을 할 때도, 학급 운영에서도 우리는 항상 공포를 느낄
수밖에 없다. 교사가 가지는 공포와 아이들이 갖는 공포. 그리고
아이들끼리 자신들의 공포로 인해 생겨나는 오해와 갈등, 그로
인한 사건·사고들. 공포를 가지지 않을 수도, 없앨 수도 없다. 공
포는 언제나 존재하며, 우리와 늘 함께할 수밖에 없다.
　다만, 그런 순간에서 내가 할 수 있는 것은 다른 풍경에 서려
고 노력하는 것이다. 문제를 해결할 때는 최대한 감정을 품지 않
으며 아이들이 갖는 공포를 이해하려 노력한다. 그리고 아이들
로 인해 즐겁고 기쁘고 행복한 순간에는 그것을 온전히 즐기며
누리려고 한다.

　아이들과 함께하는 내 삶에서 어둡고 힘든 풍경과 밝고 기
쁜 풍경이 공존하는 경우, 될 수 있으면 밝고 기쁜 풍경에 서려
고 마음먹는다. 그럼 똑같은 상황이더라도 내가 서 있으려는 마
음의 풍경에 따라 학생들과 함께 있을 때 나는 내가 더 좋아지
게 된다. 현재의 우리 교육에서 나를 지키고 우리 아이들을 지
킬 수 있는 방법이다. 같은 상황임에도 내가 어떤 풍경에 서 있
느냐에 따라 학생들과 함께 있을 때 더 좋을 수도, 반대로 더 싫
을 수도 있다. 결국, 그것은 선생님의 선택이다.

03 어떤 교사도
       완벽하지 않음을 기억하라

난 절대 완벽한 교사가 아니다. 사고(?)도 치고, 업무 실수도 잦다. 어느 날은 수업이 너무 재미없고 힘들어 맥이 쭉 풀린다. 아이들 때문에 속상한 날도 많다. 그런데도 과감하게 책을 쓸 수 있었던 것은, 단지 내가 좀 더 용기가 있었을 뿐이라고 생각한다.

선생님들의 대부분은 책 한 권 쓸 정도의 우여곡절과 인생의 희로애락을 가지고 계실 것이다. 나보다 더한 순간들을 견뎌내신 분들도 많을 것이다. 다만 지나간 것들이 기억나지 않아서, 또는 자신의 경험은 내세울 만한 것이 아니라 생각해서 책을 쓰지 않는 것일 수 있다. 나는 5년이라는 긴 시간 동안 책을 쓰고 싶었다. 하지만 쓸 수 없다고 생각한 이유가 있었다. 최근에야 쓸 수 없던 3가지 이유가 써야 하는 이유로 바뀌게 되었다. 그 3가지 이유 중 1가지가 바로 이것이다.

"아직 나의 인격이 완성되지 않았다."

지금 생각해보면 말도 안 되는 이유였다. 할 수 없다고만 생각하니, 할 수 없는 이유를 붙여놓은 것이다. 과연 우리 생에서 죽는 순간까지 인격체의 완성이 이루어질 수 있을까? 인생은 인격을 갖춰가기 위한 노력의 과정으로 봐야 한다. 그렇게 끊임없이 성장하는 것이다. 이 이유를 뒤집을 수 있었던 것은, 앞으로 함께 성장해가면 된다고 생각했기 때문이다. 내가 교사로서 완성되거나 완벽한 인격체는 아니지만, 부족하면 부족한 대로 다른 선생님들께 배우면 된다. 그리고 내가 영향을 줄 수 있는 부분은 알려드리면 된다는 생각이 나를 용기 낼 수 있게 했다.

이러한 의미에서 성장을 위한 교사 커뮤니티가 필요하다고 생각한다. 어떤 교사도 완벽하지 않으며, 완성될 수 없기 때문이다. 그럼에도 불구하고 우리는 완벽을 꿈꾼다. 교사들은 타인으로부터 인정받고 싶은 욕구가 강한 것 같다. 자신에 대한 기대와 욕심도 많다. 아마도 학창 시절부터 모범적으로 많은 것들을 잘해냈기 때문일 것이다. 그래서인지 누구보다도 완벽을 추구한다는 느낌을 자주 받는다.

하지만 '수업'과 '관계'라는 것은 정답이 없고, 그 끝 또한 보이지 않는다. 어떨 때는 누가 명확히 말해주었으면 좋겠다.

"이렇게 가르쳐야 훌륭한 수업이 되는 거야."
"이런 방법으로 해야 학급 운영이 완벽하지."

제발 그 끝 좀 느껴볼 수 있게 말이다. 끝이 보이지 않는 과정은, 때로는 우리를 지치게도, 힘이 빠지게도 만든다. 이런 우리의 마음을 《미움받을 용기》의 철학자와 청년의 이야기를 통해서 위로받을 수 있을지 모르겠다.

> **철학자** : "이렇게 생각해보게. 인생이란 지금 이 찰나를 뱅글뱅글 춤추듯이 사는, 찰나의 연속이라고. 그러다 문득 주위를 돌아봤을 때 '여기까지 왔다니!' 하고 깨닫게 된 걸세. (중략) 춤을 추고 있는 '지금 여기'에 충실하면 그걸로 충분하니까."
>
> **청년** : "지금을 즐기면 그걸로 충분하다?"
>
> **철학자** : "그래. 춤을 출 때는 춤추는 것 자체가 목적이고, 춤을 추면서 어디론가 가야겠다고는 생각하지 않지. 그래도 춤춘 결과 어딘가에 도달은 하겠지. 춤추는 동안 그 자리에 머물러 있지는 않을 테니까. 하지만 목적지는 존재하지 않아."
>
> **청년** : "목적지가 존재하지 않는 인생이 어디 있단 말입니까! 그런 흔들리는 바람에 내맡기듯 살아가는 인생을 누가 인

정해줍니까!"

　　철학자 : "자네가 말하는 목적지에 도달하려는 인생은 '키네시스(kinesis)적 인생'이라고 할 수 있네. 그에 반해 내가 말하는 춤을 추는 인생은 '에네르게이아(energeia)적 인생'이라고 할 수 있을 걸세."

　　철학자는 우리에게 '에네르게이아적 인생', 마치 춤추듯 인생을 살아가라고 한다. 어딘가에 도달하려는 목적지가 없이, 무언가 완성이 아닌 하루하루 춤추듯 살다 보면 어딘가에 도달해 있을 거라고 말한다. 춤을 추었다는 것은 그 자리에 머물지는 않았다는 것일 테니 말이다.

　　'내 가슴을 뛰게 하는 키워드는 뭘까?'

　　2008년 내 다이어리의 마지막 장에는 이런 글귀가 있다. 어느 책을 읽고 쓴 글이었다. 그 당시에는 그것을 찾지 못했다. 그해 난 영재 담당 교사 연수를 받고 있었다. 신규 발령 때는 옆 선생님의 도움으로 교사 발명대회도 나가고, 학생들의 발명을 지도하기도 했다. 하지만 '발명활동'이나 '실험활동', '영재활동'은 모두 내 가슴을 뛰게 하는 키워드는 아니었다. 나에게 그런 것은 즐겁지도, 재미있지도 않았다. 그 당시, 난 이런 생각을 했다.

'교직에 들어온 이상 나에게도 뭔가 1가지의 무기는 있어야 할 텐데⋯.'

'그것을 찾고 만들기 위한 노력을 해야 할 텐데⋯.'

'빨리 나만의 키워드를 찾아야 할 텐데⋯.'

시간이 흐르고 다이어리의 내용은 어느덧 까맣게 잊히고, 정신없이 바쁜 학교생활을 해나갔다. 그렇게 7년이 흐르고 결국 내 가슴을 뛰게 한 키워드를 찾았다. 그것은 바로 '인문학'이었다. 그런데 나는 과학 교사다. 과학과 인문학은 거리가 좀 멀어 보인다. 이 길은 나 자신조차 전혀 상상하지 못한 것이었다. '나는 인문학을 연결해서 과학수업을 할 거야'라고 나만의 목적지를 정한 후에 그 목적지를 향해 7년 동안 열심히 계획해서 여기까지 온 것은 아니었기 때문이다.

철학자의 말처럼 하루하루를 열심히 살다 보니, 어느 순간 이곳에 와 있었다. 그리고 인생은 선처럼 보이는 점의 연속, 찰나(순간)의 연속이었다. 그 찰나를 뱅글뱅글 춤추듯 살다 보니 나의 스텝 하나하나에 점이 찍히고, 그 점들을 연결하니 지금 내 인생의 궤적이 만들어졌다. 우리 인생은 내 생각대로 완성되지 않을 수도, 계획대로 되지 않을 수 있다. 그래서 더 멋지다는 생각도 든다. 빨간 머리 앤이 한 말처럼 말이다.

"생각대로 되지 않는다는 건 정말 멋지네요. 생각지도 못했던 일이 일어나는걸요."

　자신의 삶을 돌아봤을 때, 내가 계획했던 것이 아닌데, 어느 덧 그곳에 도달해 있던 적이 한 번씩은 있을 것이다. 내 인생에 생각지도 못했던 일이 일어난 것이다.

　우리가 목적지를 향해 '키네시스적 인생'을 살아간다면, 그 과정들은 매 순간 불완전한 것이 되어버린다. 왜냐하면 아직 목적지에 도달하지 못했기 때문이다. 목적지에 도착해야만 완전해진다고 생각하면, 그 과정에는 의미를 둘 수 없다. 목적의 완성에만 의미를 부여하게 되는 것이다. 하지만 '에네르게이아적 인생'을 살아간다면 '실현되어가고 있는 상태', '과정의 상태'만으로도 완전한 가치를 가진다고 철학자는 말한다.

　아직은 교사로서 완벽하지 않기에, 우리는 한 발 한 발 인생을 춤추듯 살아가야 한다. 완성을 추구해가는 과정이 곧, '완성'이라고 느낄 때, 현재의 삶에 스포트라이트를 비추며 더 멋지게 살아갈 수 있기 때문이다. 내 인생에서 끊임없이 춤을 출 때, 우리는 분명 어딘가에 도착해 있을 수 있다. 우리가 '에네르게이아적 인생'을 머릿속이 아닌 자신의 삶에 깊이 있게 내면화시킬 때, 아직 교사로서 완벽하지 않음에도 그 길을 추구해가는 과정 자체를 즐기며 보다 더 행복한 삶을 살아갈 수 있게 될 것이다.

04 누구도 흉내 내지 못할
교사가 되어라

육아휴직 중이었다. 학교 일과 가사, 육아를 병행하는 것이 쉽지는 않았다. 에너지를 두루 나누어 쓰지 못하고, 항상 한쪽으로 기울었기 때문이다. 학교생활을 열심히 하면 우리 아이들을 신경 써주지 못했다. 우리 아이들에게 조금 더 신경 써야 한다고 느낄 때면, 학교의 학생들에게 소홀해질까 봐 육아휴직을 선택했다. 그렇게 집에 있던 시기였는데, 그리 친하지는 않았지만, 안면이 있는 여선생님 두 분이 같은 해에 모두 장학사가 되었다는 소식을 전해 들었다.

그분들의 승진으로 인해 내 월급이 깎인 것은 아니었다. 그들이 장학사가 된 것이 내 삶에 어떤 물리적인 영향을 끼친 것도 아니었다. 그런데도 그 소식을 듣게 되자, 난 기분이 많이 다운되고, 이제껏 한 번도 겪어보지 못한 번아웃이 왔다. 나는 충격을 받은 것이다. 그 소식 이후 몇 주 동안 정신을 차리지 못했다. 나의 기분은 몹시도 가라앉았고, 삶 자체가 무기력해졌다. 그들의 승진에 배가 아파서는 아니었다. 상대적인 박탈감 때문이었다. 나의 삶을 송두리째 부정하게 되었기 때문이다.

'이제껏 나는 뭐 했나?'
'그분들이 아이들을 친정, 시댁에 맡기며 전념할 동안, 육아휴직을 하며 내 아이들을 키운 나의 삶은 잘못된 것이었나?'

번아웃의 이유는 내 인생에 대한 상실감 때문이었다. 그들이 나보다 더 성공한 것만 같았고, 나는 아무것도 아닌 별 볼 일 없는 일개 교사인 것만 같았다. 보름이 넘는 시간을 무기력하게 보냈다. 그리고 나서 일주일 동안 나를 깊이 있게 들여다보기 시작했다. '교장, 교감의 관리자의 길을 가느냐', '평교사로 남느냐'에 대한 내 인생의 갈림길에서 오는 깊은 고민이었다.

처음 선생님이 된 날부터 그 순간까지 교직은 관리자와 평교사, 이렇게 2가지 길만 있는 줄 알았다. 그리고 2가지 길 중 1가지를 선택해야 한다고 생각했다. 남들도 다 그런 길을 가고 있었고, 내가 관리자를 선택한다면 이제 그 길을 가기 위한 또 다른 노력을 기울여야 했기 때문이다.

하지만 나는 관리자의 길이 나와 맞지 않다고 생각했다. 물론 해보지 않고 어떻게 알 수 있을까 싶지만, 내 마음 깊은 곳에서 내가 가고 싶은 길은 아니라고 말하고 있었다. 관리자의 길이 자신에게 맞고, 그 분야에서 자신의 역량을 발휘할 수 있는 선생님은 그 길을 가는 것이 옳다. 하지만 남들이 가니까, 그 길이 좋아 보여서, 승진의 길이기에 가야 하는 이유라면 그건 나와 맞지 않다고 느꼈다. 깊은 고민의 순간에서 그렇게 나만의 제3의 길이 탄생했다.

'우리 교육의 희망과 행복을 노래하는 사람이 되고 싶다!'

결국 아이들과 선생님들 모두 자기 인생의 주인공이 되어 자신만의 길을 뚜벅뚜벅 걸어가야 한다. 그 길의 여정에 스스로의 '자존'을 바로 세울 수 있어야 한다. 자존을 바로 세울 때, 대열이 아닌 자신이 원하는 자신만의 길을 갈 수 있는 것이다. 그것이 내가 우리 교육의 희망과 행복을 전하는 방법이라 생각했다. 인생의 갈림길에서 나온, 제3의 길의 끝은 꿈의 탄생이었다. 이때 나의 꿈에 영향을 준 것이 있었다. 알렉스의 '레모네이드 가판대' 이야기다.

한 살 때 소아암을 앓게 된 알렉스는 다섯 살 무렵, 부모님에게 레모네이드 가판대를 집 앞에 설치해달라고 한다. 자신과 같이 소아암을 앓고 있는 어린이들을 위한 소아암 병동을 건

립할 기금을 모으고 싶다는 것이다. 그렇게 알렉스의 레모네이드 가판대는 언론을 통해 알려지게 된다. 전 세계로 레모네이드 가판대가 퍼지며 기금을 모은다. 그렇게 소아암 병동을 건립하게 되었지만, 알렉스는 일곱 살에 생을 마감한다.

이 이야기를 읽고 다섯 살의 어린아이도 세상의 변화를 이끌어내는데, 어른인 나는 시도조차 해보지 않는다는 것이 부끄러웠다. 이 이야기를 통해 이직을 생각할 정도로 고통스럽고 힘들었던 예전의 학교생활이 떠오르면서, 희망과 행복으로의 '우리 교육의 변화를 나부터라도 이끌어보자'라는 꿈이 생겨난 것이다.

교직은 관리자냐, 평교사냐 2가지 길만 존재하는 것이 아니라는 걸 알았다. 교사의 정체성에 따라 제3의 길, 제4의 길, 제5의 길, 교사가 40만이라면 제40만의 길이 있을 수 있다는 것도 알게 되었다. 누구도 흉내 낼 수 없는 나의 길을 만들어갈 수 있는 것이다.

'우리 교육의 희망과 행복을 주고 싶다'는 꿈으로부터 가치 융합 과학 수업이 탄생했다. 인문학을 융합한 수업을 통해 '자존'과 '꿈'에 대한 이야기를 아이들과 나누었다. 그것은 과학 개념만 가르칠 때보다 '우리'라는 유대감을 훨씬 더 끈끈하고도 깊게 만들어주었다. 제3의 길을 걷기 시작하자 교사로서의 나의 삶은 훨씬 더 행복해졌다. 나만의 특별함도 더해졌다. 아이들의 성장과 변화는 나에게 감동을 주었으며, 그들의 성장을 통해 나 또한 함께 커갈 수 있었다. 그렇게 어느덧 꿈을 꾼 7년 동안, 나는 다른 어떤 누구도 흉내 낼 수 없는 교사가 되었다.

물론 꼭 나와 같은 꿈을 꿔야 한다는 것은 아니다. 여기서 말하는 제4, 제5의 길이란 선생님만의 정체성이 뚜렷한 자신만의 길을 말하는 것이다. 다만, 중요한 것은 제4, 제5라 불릴 정도로 '자신만의 교사로서의 정체성을 찾았는가' 하는 것이다. '정체성'이란 말은 참 어렵고도 복잡하다. 이것을 바로 알아내기란 쉽지 않다. 그래서 교사로서 정체성을 알기 위해 자신의 수업에서 '핵심가치'를 먼저 찾기를 바랐던 것이다. 자신이 생각하는 좋은 수업에서 핵심가치를 찾고, 그것을 매 수업 시간에 녹여낼 때, 선생님만의 특별함을 만들어낼 수 있다.

자신만의 특별함을 만들게 되면 같은 교과라도 선생님만의 경험과 가치로 재해석된 핵심가치가 수업에 담기게 된다. 그럼 그 누구도 흉내 낼 수 없는 나만의 수업이 탄생하는 것이다. 누구든지 동일한 삶을 살아갈 수는 없기 때문이다. 이제 교과 자체보다 누가 가르치느냐가 더 중요해진다. 그 수업에는 그 선생님만의 유일한 교사로서의 정체성을 지니게 되기 때문이다.

"모든 훌륭한 교사가 같은 교육 방법을 사용하는 것은 아니다. 어떤 교사는 논스톱으로 강의하고, 어떤 교사는 말이 별로 없다. 또 어떤 교사는 교재에만 충실한가 하면, 어떤 교사는 상상력의 나래를 활짝 편다. 어떤 교사는 당근을 앞세워 가르치는가 하면, 어떤 교사는 채찍을 휘두르며 가르친다. 그러나 내가 들어본 모든 얘기 속에서 훌륭한 교사들은 하나의 공통점이 있었다. 강렬한 개인적 정체성이 그 수업에 배어들어 있었다는 것이다."

《가르칠수 있는 용기》에 있는 글이다. 교육의 본질은 이런 것일지도 모르겠다. 선생님이 아이들과 단절되지 않으려는 진실된 마음으로 자신의 자아와 학생을 하나로 촘촘히 엮어 깊은 유대감을 맺는다. 그리고 교사로서 자신만의 뚜렷한 정체성을 수업에 녹여낸다. 그럴 때, 선생님 자신만의 길이 만들어지는 것이다.

우리가 우리를 평교사라고 칭하는 것은 각자 교사로서 갖는 정체성을 너무나 낮추는 말일지도 모른다. 우리는 교사로서 자신만의 뚜렷한 길을 만들고, 걸어갈 수 있는 존재들이다. 우리 모두가 각자 그 누구도 흉내 낼 수 없는 교사가 되는 것이다.

나는 선생님이
행복했으면
좋겠습니다

05   세상에서 가장 위대한 직업,
가르친다는 것

나와 다른 생각을 받아들인다는 것은 어렵다. 그것은 인간의 신념체계와 같은 본성과 연결되어 있다. 개인의 삶은 자신의 의사결정에 의해 이루어진 결과다. 의사결정은 본인의 이성적인 판단에 의해 내려졌다고 생각한다. 그래서 사람들은 내 선택이 옳다는 믿음으로 살아간다. 그러다가 나와 다른 삶을 보게 되고 그 삶을 인정해버리면, 지금까지 그렇게 살지 않은 자신의 삶을 부정하는 결과가 되어버린다. 따라서 나와 다른 가치관의 삶을 받아들인다는 것은 정말 어려운 일이다.

더욱이 우리는 플러스 아니면 마이너스, 이득 아니면 손해, 흑 아니면 백과 같이 이것 아니면 저것으로 세계를 분리해서 보는 방법에 익숙하다. 아주 어릴 적부터 그러한 사고를 갖도록 알게 모르게 배워왔기 때문이다. 물론 타당한 객관성의 이분법적 사고가 없었다면, 지금과 같은 고도의 과학기술은 탄생하기 어려웠을 것이다. 하지만 인간 본래의 신념체계와 이분법적 사고는 다양한 삶의 가치를 유연하게 받아들이기 어렵게 만들었다. 그래서 나와 다른 삶을 보면, 나의 잣대에 의해 상대의 삶이 옳지 않다고 말하게 된다. 외부의 상황에서 다양한 이유를 가져와 나의 선택을 합리화시킨다. 그래야만 내 마음이 편해지기 때문이다.

"성적 만능 학교 사회에서 아이들은 점수의 기계가 되어버린 지 이미 오래다. 이런 마당에 사랑 운운하는 것이 스스로 생각하기에도 멋쩍다. 우리나라의 학교 교육은 아이들의 내면의 성장에 목표를 두지 않고 있다. 그러다 보니 학습에 투자하는 시간이 많을수록 성장이 둔화되는 이런 역현상을 우려하는 사람들도 있다."

"대학을 나와야 사람 행세를 할 수 있는 불평등한 사회구조와 교육의 큰 그림을 바꾸지 않는 한 교사 개인의 열정만으로는 잘못된 교육을 바꿀 수 없다고도 말한다. 물론 맞는 말이다. 하지만 이런 생각도 해본다. 학교에 다분히 시대착오적이고 세상 물정 모르는, 말끝마다 사랑 어쩌고 하면서 낯을 붉히는 얼뜨기 교사라도 없다면 학생들의 삶은 얼마나 팍팍하고 불행할까?"

나는 선생님이
행복했으면
좋겠습니다

우리 교육에서 사랑을 외친 안준철 선생님 같은 분이 계신다.

"Oh captain, My captain."
"진정한 자유란, 그들의 꿈에서만 가능합니다. 항상 그러했고, 항상 그럴 것입니다."

영화 속 인물이기는 하지만, 세상을 바라보는 눈을 뜨게 해주었던 〈죽은 시인의 사회〉 키팅 선생님과 같은 사람도 있다. 주어진 것을 그대로 받아들이기보다는 새로운 시선으로 바라보고, 그 안에서 자신만의 기준을 세워가라며 '자존'을 부르짖는 나 같은 교사도 있다.

물론 나의 생각과 가치관과는 전혀 다르게 생각하는 수많은 교사들도 있다. 결국 현재 우리 교육의 큰 체제의 흐름에 맞춰 사는 것과 세상을 조금 더 다른 눈으로 바라보게 만드는 것에 대한 선택과 집중의 차이일 뿐, 누가 정답이라고 말할 수 없다. 삶을 살아가는 교사들 각자의 가치관의 차이일 뿐이다. 다만, '네가 맞으면 나는 틀리다'와 같은 신념체계와 이분법적 사고를 떠나 서로의 가치관의 차이를 인정할 수 있어야 한다. 교사마다의 다양성이 받아들여질 때, 우리의 교육은 더 행복해질 수 있다. 다양성을 받아들이려는 우리의 유연한 사고는 결국 아이들에게도 긍정적인 영향을 미치게 된다. 우리 교사 한 명, 한 명은 모두가 체인지 메이커이기 때문이다.

"맨, 더 체인지 메이커(man, the change maker)."

"사람만이 의지를 가지고 의미 있는 변화를 할 수 있지. 그 변화를 제대로 하는 것이 우리가 추구해야 할 인생의 성공이고, 그런 면에서 리더란 변화의 선봉이 될 뿐 아니라 주변 사람이 의미 있는 변화를 할 수 있도록 체인지 메이커(change maker)가 되어야 해요."

곽수일, 신영욱 작가의《어느 특별한 재수강》에서 '리더란 어떤 사람인 것 같아요?'라는 질문에 대한 글의 일부분이다. 결국 교사는 리더로서 내 주변의 사람들이 의미 있는 변화를 이끌어 낼 수 있도록 체인지 메이커의 역할을 해야 한다.

나는 아이들에게 "나는 너희들의 긴 인생에서 1년, 길면 2년 정도 잠시 스쳐 지나가는 점과 같아. 그 1~2년의 시간 동안 나의 영향력을 잠시나마 미칠 수 있을 때, 너희들이 자신의 인생에서 스스로 곧게 설 수 있도록 힘을 주고 싶어"라고 자주 말하곤 했다. 어쩌면 나는 그들의 인생의 여정에서 아주 잠시나마 함께할 수 있는 시간을 허용받은 것인지도 모르겠다. 나를 만난 시간 동안 아이들에게 의미 있는 변화를 주고 싶은 것이다.

그런 내 이야기에 손수 장미와 하트를 그려서 나에게 손 편지 답장을 준 아이가 있다. 그리고 거기에는 이런 글이 있었다.

"선생님은 저희에게 지나가는 점과 같은 존재라고 말씀하셨지만, 저에게는 그렇지 않았습니다. 제가 이제껏 만나왔던 수많은 선생님들께서 점이라면 저에게는 그 점들이 모여 과거의 저와 현재의 노력하는 저, 그리고 미래의 저를 이끌어주는 선이 됩니다. 저에게는 단지 지나가는 점이 아닌, 정말 너무 감사하고 언제나 고마움을 느끼는 소중한 선생님입니다."

수많은 선생님들의 점이 모여 한 아이의 과거와 현재, 미래를 잇는 선이 되어 이끌어주는 존재가 된다. 그처럼 복잡한 시공간의 만남이자 의미 있는 변화의 순간들이 되는 것이다. 하나의 살아 있는 생명체에게 커다란 영향을 미칠 수 있는 사람, 그들이 바로 우리 선생님들이다. 누군가의 일생에 지대한 영향을 끼칠 수 있다는 것은 분명 부담스럽고 어렵기도 하다. 하지만 그러하기에 그만큼 숭고하고도 고귀한 일이기도 한 것이다.

세상에서 가장 위대한 직업, 가르친다는 것

선생님 말씀 한마디에 어떤 아이는 꿈을 찾고, 또 누군가는 인생의 진로가 바뀌기도 한다. 힘들고 어려운 상황에서 다시 일어설 수 있는 용기를 갖게 하고, 부정적인 생각을 긍정의 마인드로 바꾸어줄 수 있는 것도 결국 선생님이다. 우리는 아이들의 인생에 많은 영향을 줄 수 있는 사람들인 것이다.

다양한 모습을 지닌 선생님으로부터 우리의 아이들은 더욱더 많은 것을 배우며 영향을 받을 수 있다. 그것이 우리 교육이 다양성을 배척하지 말고, 서로의 가치관의 차이를 인정하며, 유연한 사고를 해야 하는 이유다. 왜냐하면 '우리는 우리의 자아를 가르친다'고 말한 파커 J. 파머의 말처럼, 선생님들의 다양한 자아의 모습을 보며 우리 아이들은 의미 있는 변화를 해나갈 것이기 때문이다.

지금 당장 우리 교육의 큰 그림이 바뀌지 않더라도, 그래서 각자의 교육에 대한 가치관이 다를지라도 말이다. 다만 거스르기 힘든 거대한 흐름 속에서도 아이들 삶에 의미 있는 변화를 주어야 하는 체인지 메이커로서, 우리가 추구해야 하는 것은 어쩌면 이런 것일지도 모르겠다.

"교사로서의 내 관심사는 아이들이 '아침에 학교에 왔을 때보다 다만 조금이라도 더 자기 자신을 좋아하게 해서 오후에 집으로 보내는 것'이다. 이 세상에 자기를 좋아하는 것보다 더 중요한 일도 없을 테니 말이다."

안준철 선생님의 말씀이다. 우리가 아이들에게 줄 수 있는 것 중, 이보다 더 위대한 가르침이 있을까!

06 나는 선생님이
행복했으면 좋겠습니다

해마다 아이들에게 유재석의 〈말하는 대로〉 노래를 꼭 한 번씩은 들려준다. 노래 1절에는 이런 가사가 있다.

말하는 대로 말하는 대로, 될 수 있다곤 믿지 않았지. 믿을 수 없었지. 마음먹은 대로 생각한 대로 할 수 있단 건 거짓말 같았지. 고개를 저었지.

2절은 1절 가사와 사뭇 다르다.

말하는 대로 말하는 대로 될 수 있단 걸 눈으로 본 순간 믿어 보기로 했지. 마음먹은 대로 생각한 대로 할 수 있단 걸 알게 된 순간 고갤 끄덕였지.

유재석은 노래를 통해 이야기한다. 말하는 대로 마음먹은 대로 생각한 대로 그대가 믿는다면, 결국 그렇게 될 수 있다고 말하는 것이다. 유재석 정도의 성공한 사람이니, 이런 말이 가능하다고 생각할 수 있다. 하지만 우리 주변에서도 찾아볼 수 있다.

얼마 전 'tvN' 〈유 퀴즈 온 더 블록〉에서 마을버스를 타고 세계 여행을 한 임택 작가의 스토리를 보게 되었다. 임택 작가는 쉰 살에 여행 작가가 되겠다고 선언한다. 하지만 2년 동안 그 길을 어떻게 가야 할지 몰라 백수 생활을 한다. 2년 정도 가만히 있다 보니 우울증이 왔다. 그는 상실감에 매일매일 뒷동산에 오르며 언덕 위에 앉아 있는데, 어느 날 언덕 위를 올라오는 마을버스를 본다. 그는 그것을 보는 순간 '나는 인생을 이야기하는 여행 작가가 되어야겠다'는 생각을 하게 된다.

> "저 마을버스의 인생을 보세요. 정해진 길만 쳇바퀴 돌 듯이 뱅글뱅글 돌잖아요. 가만히 보면 우리 인생도 그렇잖아요. 그럼 너와 내가 살아온 굴레를 끊고, 한번 세계 일주라는 것에 도전해보자고 생각하게 되었어요."

그렇게 3년 동안 준비해서 폐차 6개월 남은 마을버스를 타고 세계 여행을 떠나게 되었다. 스위스, 독일, 남미 등을 22개월 동안 다녀왔다. 쉰 살에 여행 작가가 되겠다고 선언하고, 결국 말한 대로 이루어진 것이다.

나는 2015년에 주변의 선생님들에게 말했다.

"우리 교육의 희망과 행복을 주는 사람이 되고 싶다."

하지만 나도 처음에 어떻게 해야 할지 몰랐다. 내가 생각하는 우리 교육의 희망과 행복은 아이들이나 선생님들이 각자의 자존을 바로 세울 때, 자신의 삶에 '내'가 존재할 때 가능하다고 생각했다. 사회가 정해놓은 길이 아닌, 남에게 좋아 보이는 모습이 아닌, 진짜 나의 모습을 찾고, 내가 원하는 삶의 방향으로 나아갈 때, 우리는 행복할 수 있다.

아이들의 자존감을 세워주기 위해 많은 노력을 기울였다. 나의 수업을 통해 아이들은 스스로를 돌아보고, 자신을 인정하며, 위로받기도 했다. 이제 우리 교육의 희망과 행복을 노래하기 위해 이 땅의 선생님들을 위로하고 격려하며 응원하고 싶다. 선생님들이 자존을 바로 세울 수 있도록 돕기 위해, 용기를 내어 책을 쓰고 있다. 선생님이 행복해야 우리 아이들이 행복할 수 있기 때문이다.

지금까지 이 모든 행동의 결과는 2015년에 내뱉은 나의 말 한마디에서 시작되었다. 생각한 대로, 원하는 대로, 말하는 대로 이루어진다는 나의 믿음이 지금의 나의 삶을 만든 것이다.

교사로서의 행복이란, 나와 함께하는 학생들로부터 인정받고, 사랑받을 때, 그리고 그들에게 존경받을 때 가질 수 있는 느낌이다. 아이들의 인정과 사랑, 존경을 받을 수 있는 것은 선생님 개인의 삶의 자아가 행복할 때 가능하다. 그러기 위해서는 선생님의 수업이 아이들에게 인정받을 수 있어야 한다. 학생들에게 인정받고 사랑받지 못한다고 느낀다면, 개인의 자아를 교사로서의 자아와 분리시키게 된다. 그럼 학교는 하나의 직장으로, 선생님은 직장인으로 전락하고 만다.

다른 직장과 다르게 매일매일의 수업조차 관계 안에 있어야 하는 우리는, 그냥 하나의 직장인이 되어버리면 학교생활을 버티기가 너무나 힘들다. 물론 처음에는 그런 느낌에 괴로울 것이다. 하지만 시간이 더 흐르면 무뎌지고, 아예 당연한 것으로 받아들이게 된다. 그렇게 무미건조한 학교생활은 교사로서뿐만 아니라 개인으로서의 행복도 멀어지게 만든다.

교과 담당으로서, 담임으로서 아이들에게 인정받을 수 있는 핵심은 다음과 같다.

① **관계** : 선생님은 수업을 만남과 관계로 봐야 한다. 한 명, 한 명의 아이들, 즉 사람을 향해 있어야 한다. 나와 내 앞의 대상은 세대의 차이만 있을 뿐, 인간이라는 공통점이 있기 때문이다. 인간 내면으로 향하는 선생님의 마음이 있어야 한다. 그처럼 수업 안에서 개인의 '나'와 아이들 사이에서의 유대감을 통해 내 교과를 엮어내야 한다. 또한, 한 명, 한 명의 학생을 지도할 때

아이의 내면과 단절되지 않으려는 선생님의 마음만이 관계에서 비롯된 모든 문제를 올바르게 해결할 수 있다. 그 마음은 아이들을 향한 진심과 믿음, 긍정이 될 것이다.

② **수업** : 선생님은 자신의 수업에 정체성을 녹여내야 한다. 자신만의 정체성을 찾을 수 있어야 하는 것이다. 나만의 정체성은 외부의 교수법이 아닌, 내 안에서 찾아야 한다. 그것을 찾기 위한 노력으로 내 수업의 핵심가치를 먼저 찾기를 바란다. 그것은 하나의 교수법으로 정해지지 않는다. 오히려 핵심가치는 이상적이고 추상적일수록 좋다. 웃음, 행복, 소통, 즐거움, 재미, 창의, 호기심 등의 포괄적인 가치는 교수법 하나하나에 자신의 수업을 짜 맞추지 않게 할 것이다. 이루기 불가능한 상황으로 선생님을 밀어 넣어 자신의 수업에서의 한계를 넘어서게 해줄 것이기 때문이다.

③ **사고전환** : 학교생활에서 물리적인 환경을 크게 변화시키기 어렵다. 거시적인 시스템은 쉽게 바뀌지 않기 때문이다. 시스템을 바꾸기 어렵다면, 선생님의 관점을 바꿔야 한다. 사고의 관점을 바꾸면 같은 조건과 상황이더라도 선생님은 다르게 느낄 것이다. 상황을 인정하고 수용하는 긍정과 앞으로의 방향에 희망과 행복을 선택하려는 사고 관점의 전환만이 선생님의 삶을 더욱 풍요롭게 할 것이다.

나는 선생님이
행복했으면
좋겠습니다

하지만 이 모든 것, 아이들과의 관계를 맺고, 내 수업의 정체성을 찾으며, 나의 사고 관점을 전환하려면 내가 '나'라는 사람에 대해 잘 알고 있을 때 가능하다. 즉, 가르치는 사람, 곧 교사로서의 나 자신은 '누구'인가에 대한 self-knowledge, '자기 지식'이 있어야 한다. 내가 '나'를 알 수 있어야 하는 것이다. 개인의 '나'를 알아야 교사로서의 '나'를 건강하게 발현시킬 수 있다. 그러기 위해서 선생님은 자신의 자존을 먼저 세울 수 있어야 한다. 자신이 어떤 사람인지, 자신의 능력에 대한 믿음과 가치, 내가 무엇을 원하고 만들고 싶은지를 알아야 하는 것이다. 또한, 사고 관점의 전환을 통해 스스로의 자존감을 더욱 높여나갈 수 있어야 한다.

'행복한교사연구소(https://cafe.naver.com/teacherlab)' 커뮤니티를 통해 '자존', '핵심가치', '관계', '사고 관점의 전환'을 비롯한 다양한 실천으로 교사로서 함께 성장해갔으면 좋겠다. 이 세상 그 누구도 완벽할 수 없다. 나 또한 마찬가지다. 다만 끊임없는 완성을 위한 성장의 과정만 있을 뿐이다. 그 과정은 혼자의 힘으로 나아가는 것이 어렵다. 이 땅의 모든 선생님들이 함께해나갈 수 있었으면 좋겠다. 선생님 한 분, 한 분이 행복해질 때, 우리의 아이들도 행복해질 수 있다. 선생님 한 분, 한 분이 작은 변화를 위한 노력을 할 때, 우리 교육의 진정한 희망과 행복을 전하게 될 것이다. 작은 날갯짓으로 인한 변화의 바람이 엄청난 폭풍우의 나비 효과가 되는 것이다.

마지막으로 이와 같은 노력을 하기 전에, 먼저 꼭 해야 할 것이 있다. 그것은 스스로 행복한 교사가 되겠다고 마음을 먹는 것이다. 내가 마음먹는 순간, 크게 외치며 선언하는 순간, 그 꿈이 이루어진다고 믿는다면 그대로 이루어질 수 있다.

"나는 행복한 교사가 되고 싶다."

이렇게 외치는 순간, 선생님의 잠재의식은 선생님만의 행복해지는 방법을 찾기 시작한다. 김경일 교수가 '미쳤구나' 할 정도로 말도 안 되는 꿈을 품으라고 한 것처럼, 쉰 살에 여행 작가가 되겠다고 선언한 임택 작가처럼, 유재석의 〈말하는 대로〉 노래처럼.

행복은 누가 대신 만들어주는 것이 아니다. 오로지 자신이 행복하고 싶다고 간절히 꿈꿀 때, 그것을 가슴에 품고 선언할 때, 비로소 스스로의 방법을 찾고 만들어가게 되는 것이다. 우리가 마음먹는 순간, 분명 말하는 대로 원하는 대로 이룰 수 있다. 자, 이제 다시 한번 큰 소리로 선언하기 바란다.

"나는 행복한 교사가 되고 싶다."

나는 이 땅의 모든 선생님이 행복했으면 좋겠다.

07 그냥 아는 것과
진짜 아는 것

　우리의 행동은 어디에서 나오는 것일까? 흔히들 행동은 생각으로부터 나온다고 이야기한다. 하지만 생각만으로 행동까지 이어지기는 어렵다. 그 이유는 우리의 복잡한 뇌에 있다. 어쨌든 생각이 바로 행동으로 이어진다면 미루어지거나 안 하게 되는 일은 없을 것이다. '○○해야 하는데…'처럼 생각은 행동보다 빠르고 쉽기 때문이다. 이토록 머릿속으로는 잘 알고 있음에도, 생각이 행동으로 연결되지 않는 이유는 무엇일까? 그 답은 감정에 있다. 행동까지 연결되려면 감정이라는 것이 수반되어야 한다. 이것이 생각만으로 모든 것을 행동하지 못하는 이유다. 즉, 생각으로 '그냥 아는 것'과 행동까지 일으킬 수 있는 '진짜 아는 것'의 차이다.

그럼 행동으로 이끌어내기 위해 앞으로 우리는 어떻게 해야 할까? 책의 본문에서 자세히 다루지 않은 부분이 있다. 그것은 이너게임[3]이다. 이너게임을 간단히 말하자면, 나 자신 안에서 나와의 게임인 것이다. 우리의 마음에는 self1과 self2가 있다. self1은 자신에 대한 스스로의 비난, 자책, 평가, 지시, 단정, 부정적인 감정이라고 볼 수 있다. self2는 자신이 가지고 있는 잠재역량에 대한 믿음, 신뢰, 인정, 격려, 위로, 응원, 긍정적인 감정이라고 보면 된다. 우리는 마음속에 self1과 self2, 2가지 모두를 가지고 있다. 예전에 아이들과 이너게임을 할 때는, self1을 잠재우고, self2를 믿어야 한다고 했다.

하지만 지금은 생각이 다르다. 긍정적인 감정은 충분히 연습하지 않으면 잘 찾아오지 않는다. 반면, 부정적인 감정은 연습하지 않아도 쉽게 찾아온다. 행동을 유발하는 데 감정이 수반되어야 한다면 쉽게 찾아오는 감정을 이용할 수 있다. 즉, self1의 부정적인 감정이 드는 상황, 곧 자신을 자책하게 만드는 상황에서 영감을 얻는 것이다.

《절대 실패하지 않는 성공시스템》의 클레멘트 스톤(William Clement Stone)은 이렇게 말한다.

---

3) 티머시 골웨이(Timothy Gallwey) 지음, 《배우며 즐겁게 일하는 법-이너게임》, 가을여행, 2019

나는 선생님이
행복했으면
좋겠습니다

"이 세상의 발전들 모두는 '영감을 주는 불만족'을 경험했던 사람들이 행동했던 결과다. 결코 만족하는 사람들이 만들어낸 것이 아니다. 왜냐하면 불만족이야말로 사람을 끌고 나아가는 힘이기 때문이다. 영감을 주는 불만족은 올바른 마음자세에서 나온다. 잘못된 마음자세를 가지고 있으면 불만족이 끌어내는 추진력은 해로울 수 있다."

"불만족을 경험하려면 일단 뭔가를 원해야 한다. 절실하게 그것을 원한다면 당신은 뭔가를 할 것이다. 그리고 그것을 얻기 위해 노력할 것이다."

이처럼 스스로를 비난하고 자책하게 만드는 self1을 이용한다면, 자신의 어떤 부분이 불만족스러운지 찾을 수 있다. 나는 처음에 '잘 가르치고 싶다'라고 생각했을 때, 내 수업이 불만족이었다. '아이들에게 감화를 줄 정도로 말을 잘하고 싶다'를 꿈꿀 때, 그 정도로 말하지 못하는 내가 불만족스러웠다. 우리 교육의 희망과 행복을 노래하고 싶다고 느꼈을 때, 현 교육제도에서 꿈꾸지 못하는 아이들이 안쓰럽고, 그 안에서 교사로서의 내 모습이 서글펐다. 그 역시 불만족이었다.

self1을 느끼는 것이 나쁜 것인 줄 알았다. 부정적인 감정은 좋지 않고, 긍정적인 감정만 좋은 것인 줄 알았다. 물론 부정적인 감정에만 매몰되어 불평하는 것은 좋지 않다. 하지만 부정적인 감정은 앞에서 말한 것처럼 쉽게 찾아온다. 그럼 오히려 이것을 역으로 이용할 수 있다. self1의 마음은 지금 현재 자신에게 불만족인 상황을 알려주는 정보가 될 것이다. 그것을 통해 진심으로 자신이 원하는 것을 찾을 수 있다. 이것을 '영감을 주는 불만족'의 상황이라고 할 수 있다. 자신이 간절히 원하는 것을 찾게 될 때, 그것은 '감정'으로 연결될 수 있다. 생각에 절실한 감정이 더해지면, 자신의 행동을 이끌어내게 된다.

나의 경험으로 봤을 때, 감정이 크게 움직일 만큼 마음이 힘들고, 무언가가 부럽고, 그 정도를 갖추지 못한 자신의 모습이 불만족스러울 때 행동했다. 물론 지금 당장 '영감을 주는 불만족'을 알아채고, 그것을 자신의 감정체험으로 이용해 행동을 이끌어내기는 어렵다. 자신을 들여다보는 것에도 연습이 필요하기 때문이다. 그래서 이너게임을 이용한 행동 처방을 제시하고자 한다.

〈이너게임 세 줄 정리〉 날짜 : 2020○. . .( )

1. 오늘 하루 self1을 느꼈다면, 그때의 상황과 감정을 적는다.
   (self1 : 자신에 대한 <u>스스로의 비난</u>, 자책, 평가, 지시, 단정, 부정적인 감정)

2. 오늘 하루 self2를 느꼈다면, 그때의 상황과 감정을 적는다.
   (self2 : 자신이 가진 잠재역량에 대한 믿음, 신뢰, 인정, 격려, 응원, 긍정적인 감정)
   (오늘 하루 느끼지 못한 경우, 아래의 내용을 필사한다)
   → 나는 내가 가진 잠재역량을 믿는다.
   → 할 수 있다고 믿어라. 그럼 할 수 있게 된다.
   → 내가 믿는 나의 모습이 진짜 나의 모습이 된다.

3. self1을 통해 '영감을 주는 불만족'이라고 생각되는 상황을 써
   보고, 그 이면에 자신이 진심으로 원하는 것을 찾아서 적어본다.
   (찾지 못했다면 '찾지 못함'으로 써도 좋다. 찾았다면 ['지금 하라!' - 당장 할 일을
   적어본다)

이너게임을 활용한 세 줄 정리를 통해 '영감을 주는 불만족'의 상황을 찾을 수 있다. 불만족의 끝은 진심으로 자신이 원하는 무언가가 될 것이다. 부정적인 감정은 자신의 삶에 더 큰 감정의 울림을 만들고, 그 감정의 정보를 이용해 간절히 원하는 것을 찾게 되면 행동하게 된다. self1을 이용해 영감을 얻고, self2를 이용해 자신의 잠재역량을 믿고 응원한다면, 원하는 것이 무엇이든 선생님은 이루어낼 수 있다.

하지만 이 역시, 아직까지는 그저 생각으로만 '아는 것'이다. 행동으로 연결하기 위한 '진짜 아는 것'이 되기 위해서는 꾸준한 연습이 필요하다. 아니, 훈련을 위한 시스템이 필요하다. '행복한교사연구소'에서는 그 시스템을 구축해놓았다. '행복한교사연구소'는 선생님 수업의 핵심가치를 찾기 위한 노력, 학생과의 관계에서 '진심·믿음·긍정'을 말할 수 있는 실천, 이너게임을 통해 불만족을 간절한 소망과 꿈으로의 승화, 사고를 전환시키고, 행복을 추구할 수 있는 용기를 갖게 할 것이다. '행복한교사연구소'는 실천과 성장을 통해 교사로서 일체감을 느끼는 커뮤니티다. "가르치는 사람, 과연 '나'는 누구인가?" 교사로서 '자아'를 찾아가는 그 길을 선생님이 함께하겠다고 결단하기를 바란다. 우리가 함께할 때, 보다 더 멀리 갈 수 있다. 아직도 두려운가! 클레멘트 스톤의 말을 인용해서 마지막 말을 전하고 싶다.

두려워하는 것을 하라.

할 수 있다고 믿어라, 그러면 할 수 있게 된다.

감히 높은 이상을 가져라.

- 클레멘트 스톤(W. Clement Stone)

다음은 행복한 교사연구소 게시판에 작성된 '이너게임 세줄 정리'의 예시다.

〈이너게임 세 줄 정리〉   날짜 : 2022. 4. 20. (수)

1. 오늘 하루 self1을 느꼈다면, 그때의 상황과 감정을 적어보세요.
   (self1 : 자신에 대한 스스로의 비난, 자책, 평가, 지시, 단정, 부정적인 감정)
   (오늘 하루 느낀 적이 없으면 '없음'으로 적어주세요)

   지금 해야 할 일(유튜브)이 많은데, 내가 원하는 속도만큼 빠르게 해내지 못해 기분이 가라앉음.

2. 오늘 하루 self2를 느꼈다면, 그때의 상황과 감정을 적어보세요.
   (self2 : 자신이 가진 잠재역량에 대한 믿음, 신뢰, 인정, 격려, 응원, 긍정적인 감정)
   (오늘 하루 느끼지 못한 경우, 아래의 내용을 필사해보세요)
   → 나는 내가 가진 잠재역량을 믿는다.
   → 할 수 있다고 믿어라. 그럼 할 수 있게 된다.

→ 내가 믿는 나의 모습이 진짜 나의 모습이 된다.

새벽 필사를 하면서, '지금 하라!'를 여러 번 외친 것!
'난 나를 믿는다. 결국 해낼 것이다'

3. self1을 통해 '영감을 주는 불만족'이라고 생각되는 상황을 써보고, 그 이면에 자신이 진심으로 원하는 것을 찾아서 적어보세요.
(찾지 못했다면 '찾지 못함'으로 써도 좋습니다)
(찾았다면 ['지금 하라!' – 당장 할 일]을 적어보세요)

영감을 주는 불만족 상황 :
유튜브를 찍어야지 하면서 한 달 동안 찍지 않고 미루고 있는 내 모습

진심으로 원하는 것 :
- 유튜브를 찍는 것(이유: 내 책을 알리고, 나의 메시지를 알려야 해서)

['지금 하라!' – 당장 할 일] :
- 내 헤어 스타일 변화 주기
- 유튜브 원고 작성하기
- 유튜브 영상 찍어 올리기

나는 선생님이
행복했으면
좋겠습니다

나는 선생님이 행복했으면 좋겠습니다

제1판 1쇄 | 2022년 7월 15일
제1판 2쇄 | 2022년 10월 3일

지은이 | 노지현
펴낸이 | 오형규
펴낸곳 | 한국경제신문*i*
기획제작 | (주)두드림미디어
책임편집 | 최윤경, 배성분 디자인 | 디자인 뜰채 apexmino@hanmail.net

주소 | 서울특별시 중구 청파로 463
기획출판팀 | 02-333-3577
E-mail | dodreamedia@naver.com(원고 투고 및 출판 관련 문의)
등록 | 제 2-315(1967. 5. 15)

ISBN 978-89-475-4826-7 (03370)

**책 내용에 관한 궁금증은 표지 앞날개에 있는 저자의 이메일이나
저자의 각종 SNS 연락처로 문의해주시길 바랍니다.**